¡Quiero cambiar!

Justin Burkholder

ESPAÑOL
NASHVILLE, TENNESSEE

B&H Publishing Group
Nashville, TN 37234

Clasificación Decimal Dewey: 226
Clasifíquese: EVANGELIO \ DIOS \ TEOLOGÍA DOCTRINAL

ISBN: 978-1-0877-0979-6

Impreso en EE. UU.

1 2 3 4 5 * 23 22 21 20

Para la Iglesia Reforma:
Que el Señor nos ayude a seguir
siendo conformados a Su imagen.

ÍNDICE DE CONTENIDOS

Agradecimientos... vii

Sección 1: El proceso de cambio

Capítulo 1: Del corazón a la conducta 1

Capítulo 2: Bajo el señorío de Cristo... 15

Sección 2: El hombre interior

Capítulo 3: Tu identidad.. 31

Capítulo 4: Tu santidad.. 47

Capítulo 5: Tu Consolador.. 65

Capítulo 6: Tus disciplinas 79

Sección 3: El hombre exterior

Capítulo 7: Tus relaciones... 97

Capítulo 8: Tus conflictos y heridas............................. 113

Capítulo 9: Tu sufrimiento.. 129

Capítulo 10: Tu iglesia... 143

Capítulo 11: Tu propósito 157

Capítulo 12: Tu futuro... 169

AGRADECIMIENTOS

Primero que nada, le doy gracias a Dios por la oportunidad de servir a Su iglesia por este medio. Es una gran bendición que Él quiera usar a un rebelde como yo. Es todo de gracia.

Le doy gracias a mi esposa Jenny, quien seguro escuchó mucho del libro. Además de eso, todo lo que ella hace día a día es un enorme regalo y una bendición a Dios y a mi vida. Cuando pienso en cómo quiero cambiar, ella a menudo es mi ejemplo.

Gracias a Jeanine Martinez, Hugo Pineda y Emanuel Barillas por dar de su tiempo al leer y revisar el manuscrito y ayudar a formar las ideas plasmadas.

Emanuel Elizondo fue también una enorme bendición en la edición de este recurso. Gracias por tu amor por la iglesia y la Palabra. Este libro es mucho mejor porque tú estuviste involucrado.

Por último, muchísimas gracias a Giancarlo Montemayor, César Custodio y todo el equipo de B&H Español. Son una bendición a mi vida, nuestra iglesia y la Iglesia en América Latina.

Sección 1

EL PROCESO DE CAMBIO

«Cuando Cristo es supremo en el corazón, el gozo lo llena.
Cuando Él es Señor de todo deseo y la fuente de todo motivo
[…], el gozo llenará el corazón y saldrá adoración de los labios.
Poseer este gozo involucra tomar nuestra cruz diariamente; Dios
ha ordenado que no podemos tener una cosa sin la otra».

A. W. Pink

CAPÍTULO 1

DEL CORAZÓN
A LA CONDUCTA

Todos queremos cambiar. Muy pocos de nosotros nos encontramos cómodos con lo que somos. Tal vez cuando te ves en el espejo piensas en todas aquellas cosas que quisieras cambiar de tu apariencia. O quizás cuando piensas en la persona ideal, quieres ajustar tu conducta para ser como esa persona. Puede ser que te sientas tonto y quieras ser más inteligente. Te sientes como un fracaso y quieres cambiar para ser más exitoso. O no tienes muchos recursos y quieres ser rico. Hay muchísimas cosas que pudiéramos cambiar. Mucho de nuestro tiempo se dedica a pensar en cómo podemos mejorar, cómo nos podemos superar... en pocas palabras, ¡queremos cambiar!

Cuando llegamos al final de una etapa en la vida, tenemos la oportunidad de reflexionar en el cambio. Por ejemplo, cuando termina el año, surge la oportunidad de evaluar nuestra vida y determinar las resoluciones que queremos hacer para cambiar nuestra vida. La mayoría de la gente busca bajar de peso, leer más libros, estar más tiempo con sus familiares. Cuando terminas la universidad y buscas un nuevo trabajo, o estás en transición de un trabajo a otro, todos contemplamos aquellas cosas que queremos que sean diferentes, ya sea para ser más exitosos o para que nos perciban de una forma distinta.

No solo eso. Hay un mercado literario entero que se enfoca en este asunto del proceso de cambio. Las estanterías en las librerías están llenas de libros de autoayuda, libros terapéuticos y psicológicos, libros que te dan consejos de cosas tan sencillas como una nueva dieta, a cosas complejas como las relaciones interpersonales.

¿Por qué te digo todo esto? Porque es más que obvio que los seres humanos no estamos satisfechos con nuestra condición actual. Ninguno de nosotros está contento con lo que es. Queremos ser mejores, queremos cambiar algunas cosas fundamentales de nuestra existencia, pero también queremos cambiar las cosas superficiales de nuestra vida.

TODOS CREEMOS EN EVANGELIOS

En su libro, *The Power of Habit* [El poder del hábito], Charles Duhigg se dedica precisamente a la teoría del cambio, y argumenta que el cambio de nuestra conducta inicia desde nuestros hábitos. Su tesis es simple: si no cambiamos nuestros hábitos, no cambiaremos. Sin darnos cuenta, estos recursos nos predican un evangelio. Nos explican las malas noticias (no puedes cambiar), y nos explican las buenas noticias (así puedes cambiar). A menudo estos evangelios se enfocan en nuestra conducta y en cómo modificarla.

Si no te has dado cuenta, todo este mundo de autoayuda y autosuperación nos está evangelizando con lo que para él son las buenas noticias.

Algunos nos prometen vida por medio de un cambio de dieta. *Si tan solo comes proteína y solo proteína, tendrás músculos como Cristiano Ronaldo*, dicen. ¿Y quién no quiere músculos como Cristiano Ronaldo? Otros nos prometen vida por medio de facilidad en el trabajo. *Podrás ser exitoso trabajando muy pocas horas en la semana.* Aun otros nos prometen vida al tener muchas relaciones interpersonales y sentirnos amados por otros, como intentó demostrar el libro famoso de Dale Carnegie, *Cómo ganar amigos e influir sobre las personas.* Todas estas ideas nos prometen vida al creer un cierto evangelio, unas buenas noticias que lograrán darnos vida. Estas ideas, en realidad, son pseudoevangelios, o por decirlo mejor, *falsos evangelios.* No son falsos evangelios en el sentido de que han torcido el verdadero evangelio, sino que son falsos evangelios en el sentido de que no lograrán darte todo lo que prometen.

TODO EVANGELIO TIENE UNA META

Si te das cuenta, no solo se nos ofrecen muchos diferentes evangelios, sino que además todos estos evangelios tienen un propósito, una meta que va más allá de lo que pueden producir en realidad. Claro, una dieta te dará músculos, pero ¿por qué quieres músculos? Nos plantean una dieta como si esta nos dará verdadera felicidad o satisfacción. En otras palabras, nos venden la idea de que estar en buena forma física es la definición de tener una buena vida.

En lo más profundo de nuestro corazón lo que queremos es *Vida*. Pongo vida en mayúscula porque me refiero a algo específico. Nosotros no queremos simplemente poder respirar. Más bien, todos tenemos un ideal de cómo debería de lucir nuestra vida. A esto me refiero con Vida. Esta Vida es la razón por la cual existimos, es el propósito de nuestra vida. Y todo lo que hacemos con nuestro tiempo, los recursos que tenemos y la manera en que actuamos lo hacemos porque estamos persiguiendo esta Vida.

Para muchos es difícil definir en qué consiste este deseo. Pero en la mayoría de los casos, este anhelo es lo que mueve nuestro deseo de cambio. Nuestros cambios se hacen en función a tener esta Vida. El problema es que, aunque hay miles de pseudoevangelios que prometen darnos esa Vida, la mayoría de ellos no han logrado darnos todo lo que anhelamos porque su enfoque principal está en la conducta. Prometen que si seguimos ciertos pasos, encontraremos Vida. Y aunque seguir esos pasos pueden mejorar nuestra vida, nunca han logrado darnos Vida completa, no nos logran saciar por completo. Podemos lograr cierta satisfacción; sin embargo, siempre necesitamos un poco más de estos pseudoevangelios para mantener los sentimientos de placer o de satisfacción que nos dan.

Madonna es un buen ejemplo de esto. Tim Keller la cita en su libro *Dioses que fallan*: «Aunque me he convertido en alguien, aún tengo que demostrar que lo soy. Mi lucha nunca ha acabado y es probable que no acabe jamás».[1] Su ejemplo demuestra que aunque pensaba que el éxito le daría Vida, el éxito no logró saciarla. Ella sigue buscando.

¿EN QUÉ CONSISTE LA VIDA?

Es importante que evaluemos qué es lo que realmente nos podrá dar Vida. Si las dietas pueden, o el éxito, entonces deberíamos invertir todos nuestros recursos y toda nuestra energía en ello. Pero si no, tenemos que buscar en otro lugar. C. S. Lewis comenta al respecto:

Si encuentro en mí mismo un deseo que nada de este mundo puede satisfacer, la explicación más probable es que fui hecho para otro mundo. Si ninguno de mis placeres terrenales lo satisface, eso no demuestra que el universo es un fraude. Probablemente los placeres terrenales nunca estuvieron destinados a satisfacerlos, sino solo a excitarlos, a sugerir lo auténtico.[2]

Quizás la razón por la cual creemos en estos pseudoevangelios es precisamente por lo que dice Lewis: sugieren lo auténtico. No son lo auténtico, no pueden realmente darnos Vida,

---

1. Timothy Keller, *Dioses que fallan* (Andamio, 2015), p. 87.
2. C. S. Lewis, *Mero cristianismo*, Edición Kindle (HarperOne, 2006), pos. 1813.

pero la sensación que nos dan por unos momentos se parecen a la Vida e implícitamente sugieren que esa Vida sí es posible.

Entonces, la gran pregunta es: ¿qué es la Vida? A menudo pensamos que lo que estamos buscando para ser felices o completos es una cosa o una idea, pero ¿qué tal si lo que nos falta es el conocimiento de una persona?

No tenemos que buscar mucho en la Biblia para captar lo que nos dice acerca de este concepto. Cristo mismo dice en Juan 14:6: «... Yo soy el camino, la verdad, y la Vida...».[3] En otro pasaje, unos capítulos más adelante, Cristo comenta: «Y esta es la vida eterna: que te conozcan a ti, el único Dios verdadero, y a Jesucristo, a quien has enviado» (Juan 17:3).

Vida, tal y como la define la Biblia, se resume en conocer a Dios. La Vida no se logra con cambios superficiales, ni se logra con cambios psicológicos, ni se logra con cambios de conducta. La Vida es una relación con el único Dios verdadero que comienza en nuestro corazón, el cual influye en nuestra conducta. Y tal vez cuando escuchas esto piensas: *¿En serio? ¿La Vida es conocer a Dios?*

A. W. Tozer, en su famoso libro, *La búsqueda de Dios,* dice lo siguiente: «Dios es tan maravilloso, tan completamente deleitoso, que sin ninguna otra cosa mas que Su presencia puede satisfacer los más exigentes anhelos de la naturaleza humana, por más exigente que esta sea».[4]

---

3. Mayúscula mía.
4. A. W. Tozer, *La búsqueda de Dios* (Chicago: Moody Publishers) 1977, pp. 42-43.

No hay nada más en o fuera de este universo que puede realmente saciar el corazón humano. Todo lo demás que te promete Vida solo será una copia falsa de lo que es verdadero. Eso no quiere decir que menospreciamos lo bello de este mundo, sino que no ponemos nuestra esperanza en lo bello de este mundo para darnos Vida.

¿CÓMO LOGRAMOS TENER VIDA?

Si anhelamos Vida, y esta consiste en conocer a Dios, entonces, ¿cómo logramos tenerla? O ¿qué es lo que nos impide adquirirla? La Biblia nos relata la historia de Adán y Eva, quienes en el principio tenían Vida, y la tenían en abundancia. Dios sopló en Adán, y Adán vivía en perfecta intimidad con Dios. Fuimos creados para vivir en perfecta intimidad con Dios, vivir bajo Su presencia perfecta para siempre.

Sin embargo, para Adán y Eva no era suficiente estar en perfecta intimidad con Dios, ellos querían ser como Dios. Y Pablo nos relata en Romanos 1 que lo que ha sucedido con los seres humanos es que hemos reemplazado a Dios con la misma creación. Como mencioné, caemos en la trampa de poner nuestra esperanza en lo bello de este mundo, creemos que eso nos dará Vida, en vez de poner nuestra esperanza en el dador de la Vida. En otras palabras, creemos que podemos tener Vida sin Dios. Creemos que podemos tener Vida en abundancia solo con las cosas que Dios creó.

Y a ese momento, cuando Adán y Eva decidieron que no necesitaban a Dios, que podían ser mejores dioses, se le llama *caída*. Ese momento es el que nos condenó a todos. Todos nosotros hemos tomado la misma decisión que Adán y Eva. A esto la Biblia llama *pecado*. Pecado en sí no es tan solo hacer las cosas que la Biblia prohíbe, sino que es rendir nuestra adoración y poner toda nuestra esperanza en aquello que no es Dios. John Piper dice: «Pecar es lo que hacemos cuando nuestro corazón no esta satisfecho en Dios».[5] Pecamos cuando anhelamos algo que reemplaza un anhelo por conocer a Dios. Este pecado es precisamente lo que nos impide estar con Dios y conocerlo perfectamente. O sea que el pecado es algo que nace desde lo más interior del hombre... desde nuestro corazón.

Dios fue muy claro con Adán y Eva cuando decidieron vivir sin Él al comer del fruto del árbol. Lo que ellos iban a cosechar era la muerte (Gén. 3:19). En un sentido, Dios sí se refería a dejar de respirar, pero lo interesante es que ni Adán ni Eva cayeron muertos al comer del fruto. Siguieron viviendo sin darse cuenta que habían perdido la Vida. La muerte en la Biblia tiene más que ver con nuestra relación con Dios de lo que tiene que ver con nuestra relación con el oxígeno y el palpitar de nuestro corazón. La muerte final es estar separado de Dios por completo.

Tim Keller comenta en *¿Es razonable creer en Dios?:* «Dado, además, que fuimos creados en origen para estar en la presencia de Dios, únicamente delante de Su rostro podremos prosperar y realizar el máximo de nuestras potencias. En verse

---

5. John Piper, *Future Grace,* Kindle Edition (The Crown Publishing Group, 2012), pos. 278. Traducción del autor.

por completo apartados de Su presencia, es en lo que consiste el infierno: en la ausencia de capacidad para dar y recibir amor y poder sentir gozo».[6]

Cuando Adán y Eva pecaron, ellos perdieron el acceso perfecto a la presencia de Dios. Precisamente por esto Dios les prohíbe entrar al huerto. Si recuerdas, en Génesis 3:8, cuando Dios baja para hablar con Adán y Eva, ellos se esconden. Y al perder acceso perfecto a la presencia de Dios, al encontrarnos no como sus amigos, sino como sus enemigos, perdimos todo lo que nos daba verdadera Vida. Y no solo eso. Ser enemigos de Dios nos ha llevado a toda la maldad que vemos en el mundo. El bien procede de Dios. Por lo tanto, a los humanos que tienen corazones alejados de Dios les será difícil tener una conducta buena.

EL VERDADERO EVANGELIO

Comparado a los pseudoevangelios, el evangelio de Jesucristo realmente nos trae Vida. Nos trae Vida porque restaura lo que se perdió en el huerto: nos da una vez más acceso perfecto a la presencia de Dios. Toma un momento para leer esa oración de nuevo. *Tú puedes tener acceso perfecto a la presencia de Dios.* La razón precisa por la que fuiste diseñado... tú la puedes tener. Puedes conocer a Dios, puedes estar con Dios. ¡Estas son las mejores noticias del mundo!

---

6. Timothy Keller, *¿Es razonable creer en Dios?* (B&H Publishing Group, 2017), p. 134.

Nos dice Pablo en 2 Corintios 5:18: «Y todo esto procede de Dios, quien nos reconcilió con Él mismo por medio de Cristo...». Lo que Dios hizo en Cristo fue proveer una manera para expiar los pecados que cometemos contra Él con el fin de que nosotros podamos estar con Él. Dios provee una manera en la que podemos cambiar desde lo interior. Dios nos hizo para estar en relación con Él. Nosotros, por rebeldía, hemos decidido que no lo necesitamos. Y, sin embargo, en Su generosidad y misericordia, Dios ha provisto una manera en la cual nuestro corazón pecaminoso y propenso a la idolatría puede ser cambiado por un corazón dirigido hacía Él. Y, por lo tanto, podemos una vez más estar en relación con Él. Para ponerlo de otra manera, Dios ha diseñado nuestro proceso de cambio. Y nuestro proceso de cambio no inicia con la conducta, inicia con un corazón inclinado hacía Él. Nuestro proceso de cambio es de corazón a conducta.

DESDE EL INTERIOR

En la Biblia hay dos pasos muy importantes cuando hablamos de nuestro cambio, y estos dos pasos suceden en orden. Pero antes hay que establecer una base importante: todos nacemos como enemigos de Dios por nuestro pecado. Romanos 1 dice que nacemos con «corazones entenebrecidos». Antes de que podamos realmente cambiar a ser todo lo que Dios quiere que seamos y disfrutar plenamente de Él, necesitamos que alguien remueva el impedimento, que es nuestro pecado. Necesitamos que alguien nos quite la culpa. Si seguimos en nuestro pecado, nunca podremos realmente tener Vida, porque no podríamos estar con Dios por culpa de nuestro pecado. Lo que necesitamos es lo que la Biblia llama «justificación». Ese es el *primer paso*.

La justificación sucede cuando confesamos nuestra fe en el evangelio de Jesucristo. La justificación simplemente significa ser declarado inocente a pesar de ser culpable. Cuando Cristo vivió en esta tierra, Él vivió *en nuestro lugar*. Cuando Cristo murió en la cruz, Él murió *en nuestro lugar*. Esto es el evangelio. Y cuando reconocemos nuestro pecado delante de Dios y confesamos fe en la vida y la muerte de Cristo, sucede un intercambio. En vez de castigarnos a nosotros por nuestro pecado, Dios acepta la muerte de Cristo en nuestro lugar, una muerte que pagó la pena de nuestro pecado. Pero no solo eso, Dios también acepta la vida perfecta de Cristo en nuestro lugar y nos considera justos delante de Él. El que está en Cristo, el que ha creído en Cristo, se le reconoce como justo de corazón. Esto es la *justificación*. O para ponerlo en las palabras del pastor y teólogo John Piper, la justificación es cuando «los defectos pecaminosos de nuestro gozo en esta vida son perdonados, y el gozo justo de Jesús nos es imputado».[7]

El *segundo paso* de nuestro cambio es lo que la Biblia llama la *santificación*. Este proceso de santificación no puede suceder sin la justificación. Para ilustrarlo, podríamos hablar de

---

7. John Piper, "Does Christ's Righteousnes Cover my Joylessness?" [¿Cubre la justicia de Cristo mi falta de gozo?]. Desiring God. https://www.desiringgod.org/interviews/does-christs-righteousness-cover-my-joylessness.

plantar una planta nueva. Antes de que la planta pueda crecer y dar fruto, se tiene que sembrar la semilla en la tierra. Sin que la semilla esté en la tierra, no podrá crecer ni dar fruto. Lo mismo es cierto con nuestro cambio. De hecho, la Biblia habla del evangelio como una semilla, una semilla sembrada en nuestros corazones. Antes de que podamos cambiar y dar fruto necesitamos haber escuchado el evangelio y haber creído en el evangelio. Eso es la semilla sembrada.

Igual que la planta, esa semilla empieza un proceso de crecimiento constante que resulta en brotar y dar fruto. En la Biblia este proceso en la vida del cristiano se llama *santificación*. La santificación es el proceso de crecer en el conocimiento de Dios y en semejanza a Cristo para la gloria de Dios. Este es un proceso donde poco a poco vamos obteniendo más y más Vida, más y más conocimiento de Dios al hacernos más como Cristo, al buscar adorar y glorificar a Dios. Pablo dice en Romanos 8:29: «Porque a los que antes conoció, también los predestinó para que fuesen hechos conformes a la imagen de su Hijo, para que él sea el primogénito entre muchos hermanos».

Lo importante que debemos entender de todo este proceso es que sucede primero desde el interior, y luego afecta el exterior. Muchos cristianos han pasado mucho de su tiempo pensando en los cambios de conducta que necesitan, pero se han enfocado muy poco en lo interior, en su corazón. Este cambio que sucede desde adentro tiene impacto hacia afuera. A lo largo de este libro estaremos hablando primero de los cambios en el interior por el evangelio, y luego llegaremos a los cambios en el exterior por el evangelio.

EL EVANGELIO PARA TODA LA VIDA

A menudo, cuando los cristianos hablan del evangelio, piensan que el evangelio solo es para ese primer paso de nuestro cambio, la justificación. Pero la realidad es que Cristo y Su obra son el poder para todo nuestro proceso de cambio, tanto nuestra justificación como santificación.

El pasaje que explica esto más claramente es Colosenses 2:6-7. Pablo expresa: «Por tanto, de la manera que habéis recibido al Señor Jesucristo, andad en él; arraigados y sobreedificados en él, y confirmados en la fe, así como habéis sido enseñados, abundando en acciones de gracias». Este pasaje nos llama a seguir viviendo como cuando apenas recibimos a Cristo Jesús. En otras palabras, dependemos del evangelio tanto para nuestra santificación como para nuestra justificación. De nuevo, nuestro proceso de cambio sigue siendo desde nuestro corazón hacia nuestra conducta, a lo largo de la vida. Esto significa que el evangelio no es solamente nuestra boleta de entrada al cielo, es el vehículo que nos traslada durante el camino entero.

CONCLUSIÓN

Todo esto para decir que no nos debería sorprender entonces que anhelamos cambiar. Profundamente arraigada en nuestro corazón está la conciencia de que las cosas no son como deberían ser. El dilema es que el problema que necesita arreglarse no es nuestra dieta, nuestra falta de ingreso económico, nuestras notas malas en el colegio, nuestra soltería, o cualquier otro elemento de nuestra conducta. Nuestro problema está en nuestro corazón, un corazón que necesita ser cambiado para que podamos reconciliarnos con Dios.

Tú fuiste diseñado para tener Vida. Cristo nos dice que Él vino para traer «vida, y vida en abundancia». La pregunta es: ¿dónde estás buscando esa vida? ¿Qué tipo de transformación esperas ver al obtener esa vida? Porque aunque hay cambios que podemos hacer para mejorar la calidad de nuestra vida, solo el evangelio nos da la verdadera Vida, desde lo más íntimo de nuestro ser. Antes de que procedamos, te pregunto: ¿crees en el evangelio de Jesucristo? No pienses que no crees en algún evangelio. Todos confiamos en alguna noticia que nos promete Vida. Pero solo en el evangelio de Jesucristo encontramos la verdadera Vida, porque solo Cristo Jesús es la Vida. ¿Quieres cambiar? ¡Excelente! Pero recuerda, ese proceso de cambio empieza en tu corazón y luego afecta tu conducta.

CAPÍTULO 2

BAJO EL SEÑORÍO DE CRISTO

Todos tenemos problemas con la autoridad. Cuando alguien nos dice qué deberíamos hacer, inmediatamente nos ponemos a la defensiva y nos preguntamos quiénes son ellos para darnos órdenes. «Nadie tiene autoridad sobre mí, y por lo tanto nadie debería decirme qué hacer», pensamos.

Hablar de una autoridad moral y absoluta en el siglo XXI es aun más complejo. Nuestra sociedad entera busca desvincularse de cualquier tipo de restricción moral. Hay movimientos filosóficos que han permitido que hagamos de la verdad un asunto subjetivo, lo cual da a entender que yo soy mi propia autoridad, y nadie me puede decir cómo debería vivir mi vida. No queremos sujetarnos a nadie, ni a nuestros padres, ni a nuestros jefes, ni a nuestros gobiernos. Cuando creemos tener la razón, nadie nos debe contradecir.

Pero hay una gran ironía según la Biblia. Todos creen que lo que debemos hacer es despojarnos de cualquier autoridad para ser verdaderamente libres, no obstante, la Biblia en ningún momento reconoce este tipo de libertad que suponemos tener. De hecho, la Biblia usa una palabra algo fuerte para hablar de todas las personas: esclavos. Todos están sirviendo a un rey.

¿ESCLAVOS DE QUÉ O DE QUIÉN?

La Biblia nos explica que toda persona, antes de confesar fe en Jesús e iniciar su proceso de cambio, es un esclavo, aunque ellos mismos no lo crean. Una persona puede creer que está despojándose de toda restricción moral y que solo ella gobierna su destino y conducta, pero la Biblia nunca habla de la humanidad con ese tipo de autonomía. Mira lo que dice Romanos 6:16:

¿No sabéis que si os sometéis a alguien como esclavos para obe-decerle, sois esclavos de aquel a quien obedecéis, sea del pecado para muerte, o sea de la obediencia para justicia?

Antes de confesar nuestra fe en Jesús, somos esclavos del pecado. El pecado dentro de nosotros gobierna nuestra mente, nuestra vida, nuestras decisiones. El pecado es nuestro amo, es nuestra autoridad, y por lo tanto, antes de Jesús nuestra vida está sujeta al pecado. De hecho, a menudo esta idea de perseguir la libertad y despojarnos de cualquier restricción moral es simplemente una muestra de que somos esclavos de nuestros deseos pecaminosos y estamos dispuestos a tomar cualquier paso necesario para justificar nuestro pecado.

No solo somos esclavos del pecado, sino que además somos enemigos de Jesús puesto que pertenecemos al reino enemigo de Él. No me malentiendas, este reino enemigo no tiene el mismo poder ni el mismo dominio que Jesús, pero sí tiene intereses opuestos a los de Jesús. Fíjate lo que menciona Colosenses 1:21:

> *Y a vosotros también, que erais en otro tiempo extraños y enemigos en vuestra mente, haciendo malas obras...*

O aun podríamos hablar de Colosenses 1:13, donde nos dice que fuimos rescatados del «dominio de las tinieblas». Todo esto es para decir que realmente no hay personas libres. Incluso aquellas personas quienes creen ser libres, no lo son. Pertenecen al dominio de las tinieblas y son esclavos del pecado. Todos nos sujetamos a alguna autoridad, y lo queramos o no, esa autoridad determina el rumbo de nuestras decisiones y nuestras vidas.

Pero sucede algo radical cuando confesamos fe en Jesús. Pablo dice unos versículos más adelante en Romanos 6:22:

> *Mas ahora que habéis sido libertados del pecado y hechos siervos de Dios, tenéis por vuestro fruto la santificación, y como fin, la vida eterna.*

Es importante entender que la palabra que usa Pablo para decir *siervos* es la misma que se usa para traducir *esclavos* en

Romanos 6:16. O sea, literalmente se podría traducir este versículo así: «Habéis sido libertados del pecado y hechos esclavos de Dios». Esta idea es radical. Aunque en Cristo somos verdaderamente libres, aun así la libertad completa de la que habla la Biblia no es una libertad sin autoridad. La verdadera libertad es sujetarnos a la única verdadera autoridad, por lo que ser esclavo de Dios es la verdadera libertad.

Y nota lo que Pablo dice que será el fruto de esta nueva esclavitud a Dios: «tenéis por vuestro fruto la santificación». ¿Recuerdas lo que significa *santificación*? La santificación es nuestro proceso de cambio. Este proceso de cambio y su éxito en sí viene vinculado a nuestra sumisión completa a Dios, a ser esclavos de Él.

Hay un cambio completo de autoridad en nuestra vida. Antes éramos esclavos del pecado, y pertenecíamos al dominio de las tinieblas, pero en Cristo hemos sido trasladados «... al reino de su amado Hijo» (Col. 1:13).

Si el reino es del Hijo amado, eso significa que el Rey de ese reino es Jesús. La relación que tenemos con Jesús entonces no es simplemente que Él es el Salvador que nos rescata, sino que también es nuestro Rey, y nosotros somos súbditos que existimos para Sus propósitos.

Veamos un pasaje más. Mira lo que dice 1 Corintios 6:19-20:

¿O ignoráis que vuestro cuerpo es templo del Espíritu Santo, el cual está en vosotros, el cual tenéis de Dios, y que no sois vuestros? Porque habéis sido comprados por precio; glorificad,

pues, a Dios en vuestro cuerpo y en vuestro espíritu, los cuales son de Dios.

Estas palabras son radicales para nuestra generación que quiere desvincularse por completo de toda autoridad. Pablo le recuerda a los cristianos: «no sois vuestros». ¡Tú no eres tuyo! No eres el rey de tu propia vida, y no tienes autonomía sobre tu vida porque no te perteneces a ti mismo. ¿La razón? Hemos sido comprados. Alguien más antes era nuestro amo —el pecado—, y ahora hemos sido redimidos, rescatados y comprados de ese amo a precio de la sangre de Cristo. Ahora le pertenecemos a Cristo. Esto significa que todo nuestro proceso de cambio no solo sucede de corazón a conducta, sino que también sucede bajo el gobierno de Jesús.

Esto, por cierto, no sucede en nuestra vida individual y nada más. Jesús es el Rey *sobre todo*. Al terminar Su ministerio en la tierra, después de haber resucitado, Jesús dice lo siguiente en Mateo 28:18: «... Toda potestad me es dada en el cielo y en la tierra». Jesús tiene toda autoridad. No hay nada en el universo que no se encuentre bajo la autoridad y el gobierno de Jesús. Él es tu amo, Él es tu Rey.

NUESTRO SEÑOR DETERMINA NUESTRO CAMBIO

Todo esto puede sonar muy cósmico, como si fuera una película de *La guerra de las galaxias*, con los buenos peleando contra los malos, y al final, «el bueno» gana. Seguro que hay un elemento cósmico en todo esto, pero nuestro interés aquí es considerar cuáles son las implicaciones de esto para nuestro proceso de cambio. Muchos de nosotros decimos que Jesús es Rey y Señor. Pero para muchos de nosotros se pierden las implicaciones de esta verdad, ya que dichos títulos no son comunes en nuestra cultura democrática e individualista.

No somos buenos para pensar en reinos porque ninguno de nosotros ha sido parte de uno. De hecho, nos encanta hablar de Jesús como nuestro Salvador, como nuestro amigo, como el que nos ha amado, el que nos ha liberado. Pero no tanto como nuestro Rey. Considera que, si Jesús es nuestro Rey, eso significa que somos Sus súbditos, y nos debemos sujetar y entregar completamente a Él. Jesús demanda que nuestras vidas hagan únicamente lo que Él exige puesto que la autoridad absoluta le ha sido otorgada, ya que Cristo es el Rey y en Él se ha establecido el reino de Dios.

El Rey Jesús, como todo buen Rey, demanda lealtad, demanda sumisión, demanda obediencia. Él ejerce Su autoridad para cumplir Sus propósitos, y cualquiera que se le oponga está en rebeldía.

Y según la Biblia, es contradictorio e hipócrita decir que eres ciudadano del reino sin obedecer al Rey. Lastimosamente, hoy en día hay muchos que quieren portar el nombre de Jesús sin someterse a Jesús como Rey. Quieren hablar mucho del reino y de traer el reino, pero tal vez no les interesa obedecer al Rey.

El autor A. W. Tozer escribió al respecto:

El señorío de Jesús no se ha olvidado por completo entre los cristianos, pero sí ha sido relegado al himnario, donde toda la responsabilidad hacia ese señorío puede descargarse en un brillo placentero de emoción religiosa. O, si es que se enseña el señorío de Jesús como una teoría en las clases, rara vez se aplica a toda la vida práctica. La idea de que el hombre Jesucristo tiene la autoridad absoluta y final sobre toda la Iglesia y sobre todos los miembros en todos los detalles de su vida simplemente no se acepta como cierto entre los cristianos evangélicos comunes y corrientes.[1]

Si Jesús nos ha rescatado y nos ha comprado, eso significa que ahora le pertenecemos. Por lo tanto, Él determina las metas, los objetivos y las maneras en que se llevará a cabo nuestro proceso de cambio. No hay proceso de cambio en nosotros sin que nos sujetemos a Jesús por completo. Él determina el estándar. De hecho, es imposible verdaderamente cambiar sin sujetarte a Jesús como Rey y Señor.

Vern Poythress, en su libro *El señorío de Cristo,* dice lo siguiente con respecto a nuestro proceso de cambio:

Los cambios incluyen no solo nuevas creencias, sino también nuevos estándares de juicio que nosotros traemos a la mesa cuando consideramos las declaraciones sobre la verdad. Los cambios incluyen diferentes conductas: ya no intentamos crear

---

1. A. W. Tozer, *Church* [Iglesia] (Moody Publishers), p. 13. Traducción del autor.

nuestros propios estándares morales sin que nos sujetemos a la ley de Cristo nuestro Rey.[2]

Jesús gobierna todo el proceso de cambio. Todo esto sucede bajo Su señorío. De hecho, el proceso del cambio consiste en sujetarte a lo largo de tu vida cada vez más a Su gobierno, hasta tal punto que lo reconoces (ya lo es, solo que no lo reconocemos) como Rey por completo sobre tu corazón, tus pensamientos, tus motivaciones, tus deseos, tus circunstancias, tus relaciones, tu sufrimiento.

¿QUÉ DEMANDA NUESTRO REY JESÚS?

Lo bueno de nuestro Rey Jesús es que Él no es un Rey caprichoso ni arbitrario en lo que demanda. De hecho, Él es muy claro a lo largo de la Escritura. Hay muchas cosas que podríamos señalar de cómo Dios demanda nuestra sumisión, pero vamos a enfocarnos en dos.

1. Permanecer en Él

En una de las enseñanzas más extensas de Jesús en la Biblia, Cristo establece una de Sus demandas claras para nuestro proceso de cambio. En Juan 15:4-5 dice lo siguiente:

Permaneced en mí, y yo en vosotros. Como el pámpano no puede llevar fruto por sí mismo, si no permanece en la vid,

---

2. Vern S. Poythress, *The Lordship of Christ* [El señorío de Cristo] (Crossway), 14. Traducción del autor.

así tampoco vosotros, si no permanecéis en mí. Yo soy la vid, vosotros los pámpanos; el que permanece en mí, y yo en él, éste lleva mucho fruto; porque separados de mí nada podéis hacer.

Para nuestro proceso de cambio, nuestro Rey Jesús demanda que permanezcamos en Él. Esta enseñanza es preciosa ya que Él nos dice: «separados de mí nada podéis hacer». No puedes cambiar separado de Jesús.

Fácilmente podemos ver los mandamientos de la Biblia y pensar: *Eso es imposible, si yo tengo que hacer todo eso para cambiar, nunca cambiaré.* Y he allí lo precioso de esta promesa. Jesús nos promete que si permanecemos en Él y Él en nosotros, entonces daremos fruto. O para ponerlo en nuestro lenguaje: cambiaremos.

Nuestro Rey es tan bueno que no demanda nuestra obediencia nada más. Él sabe que somos incapaces por nosotros mismos de obecederle. Es como decirle a un ciego que vea sin abrirle los ojos. Jesús no solo demanda nuestra obediencia, sino que además, en Su muerte y resurrección, nos da la capacidad para obedecerle.

La demanda es alta: obedecerle. Pero en el reino de Dios no hay obediencia al Rey que suceda aparte del Rey. Necesitamos al Rey para poder obedecerle. Si perteneces al reino, tienes que obedecer al Rey. Pero no puedes obedecer al Rey sin depender de Él. No puedes obedecer al Rey sin haber sido rescatado por Él. No puedes obedecer al Rey sin caminar con Él.

Para que nosotros podamos ver un proceso de cambio verdaderamente fructífero, es esencial que permanezcamos en nuestro Rey Jesús. No hay cambio verdadero en nuestras vidas separados de Jesús. Hemos sido unidos a Él, y por lo tanto arraigamos nuestra vida en Él y edificamos nuestra vida sobre Él. A la medida que profundizamos en la persona y obra de Jesús, produciremos fruto y cambiaremos.

2. Seguirlo a Él

En Marcos 8:34 Jesús nos da dos pasos esenciales para seguirlo. Nota lo que dice:

> *Y llamando a la gente y a sus discípulos, les dijo: Si alguno quiere venir en pos de mí, niéguese a sí mismo, y tome su cruz, y sígame.*

Los dos pasos que Jesús establece para seguirlo son: 1) negarte a ti mismo y 2) tomar tu cruz. En palabras muy sencillas, *negarte a ti mismo* es no hacer lo que tu carne quiere que hagas. Negarte a ti mismo es dejar de pensar en ti mismo, dejar de intentar controlar tu mundo y dejar de intentar crear un mundo que se enfoque por completo en ti, en tus deseos y en tus anhelos. Negarte a ti mismo es no saciar tus anhelos pecaminosos.

Todos estamos buscando esta Vida: vida en abundancia. Todos nacemos sabiendo en lo más profundo de nuestro corazón que este mundo no lo es todo, que hay algo más. Y todos pensamos que obtendremos esa vida plena que anhelamos si tan solo nos enfocamos un poco más en nosotros, en nuestros sueños, en nuestros anhelos. Si pudiéramos superar nuestros temores, si pudiéramos subir nuestra autoestima, si pudiéramos dejar de enojarnos tanto, si pudiéramos lograr cierto puesto o cierto ingreso, o tener una relación romántica...

Y lo que la Biblia explica claramente es que nada de eso te dará vida, porque en todas esas cosas tú estás en el centro. Tú eres el protagonista. Tú eres el que controla tu destino, tú eres tu propia autoridad.

Lo que Jesús nos llama a hacer, la clave para sujetarte a Jesús y verdaderamente cambiar es quitarte del centro al negarte a ti mismo. La verdadera vida no se obtiene pensando en ti, la verdadera vida se obtiene perdiéndote a ti mismo en la hermosura de Cristo y Su evangelio. La verdadera vida plena es Cristo, y nos negamos cuando nos damos cuenta de que tenerlo a Él es tener lo mejor.

Esto es difícil. Muchos tal vez no calculamos el costo de seguir a Jesús. Queremos seguirlo, pero también queremos aferrarnos a otras cosas. Queremos seguir a Jesús, pero no queremos negarnos a nosotros mismos.

Ahora, quiero que veas lo esquizofrénico que suena esa frase: «negarte a ti mismo». Lo que Jesús nos llama a hacer refleja claramente algo de nuestra naturaleza después de haber confesado fe en Jesús. El que confiesa fe en Jesús no se vuelve inmediatamente un santito perfecto. De hecho, la Escritura habla bastante de esta lucha interna que existe entre la carne (el viejo hombre que ya ha muerto) y el Espíritu (el nuevo hombre que está siendo renovado a la imagen de Cristo).

El pastor John Piper explica esta realidad al apuntar que en cada seguidor de Jesús hay un «yo» que niega y hay un «yo» que está siendo negado. El «yo» que niega al otro es el que está renovándose más y más a la imagen de Cristo, es el que ama a Cristo, quiere servir a Cristo y quiere parecerse a Cristo. El «yo» que está siendo negado es el «yo» viejo, el yo que quiere ser su propio Dios y su propio Rey, el yo que ama la aprobación, ama el honor, ama la comodidad, se ama a sí mismo y al mundo.[3]

Sin embargo, negarnos a nosotros mismos es reconocer dentro de nuestro interior que sujetarnos a Cristo y seguirle es mejor que seguir nuestros propios anhelos y deseos.

También Jesús nos enseña que para seguirlo, debemos *tomar nuestra cruz*. Es interesante que Jesús haga referencia a una cruz antes de ser crucificado. Jesús nunca nos pide algo que Él mismo no haga antes que nosotros y por nosotros.

¿Qué significa tomar nuestra cruz? John Piper explica que la cruz representaba cuatro cosas:

1) *Oposición*: los criminales eran expuestos por oponerse al Estado romano.
2) *Vergüenza*: el criminal era expuesto desnudo en la cruz.
3) *Sufrimiento*: tomar la cruz era asumir un sufrimiento extremo, pues era una herramienta de tortura.
4) *Muerte*: el fin de esta tortura era la muerte.

---

3. John Piper, "Deny Yourself for More Delight" (Niégate a ti mismo para tener más deleite). Desiring God. https://www.desiringgod.org/articles/deny-yourself-for-more-delight

Piper continúa explicando que tomar la cruz significa «estar dispuesto a recibir oposición y ser avergonzado, sufrir y hasta morir por tu devoción a Cristo. [...] Tomar nuestra cruz significa que Jesús se ha vuelto más precioso para nosotros que la aprobación, el honor, la comodidad y aun la vida».[4]

Piper añade: «El nuevo "yo" que niega le dice al viejo "yo" que debe ser negado: "Tú ya no mandas. Yo amo a Jesús más que la aprobación, el honor, la comodidad y la vida. Por lo tanto estoy dispuesto a vivir oposición, vergüenza, sufrimiento y aun la muerte. Yo gano más en seguir a Jesús, incluso sufriendo, de lo que ganaría si rechazo a Jesús, aunque recibiera diez mil beneficios terrenales"».[5]

Seguir a Jesús, entonces, es negar tu viejo yo, a ese yo que ama al mundo y tomar tu cruz en sumisión a Jesús y Su evangelio. Este proceso no es un paso que tomamos en un solo día, es un proceso que diariamente tendremos que practicar. A la medida que permanecemos en Cristo y seguimos negándonos a nosotros mismos y tomando nuestra cruz, dará como resultado el fruto de nuestro crecimiento.

CONCLUSIÓN

Todos estamos bajo autoridad. Muchos podrían ver esta relación y pensar que Jesús es un tirano, pero no es así. Esta relación no es una de sumisión bajo abuso. Al contrario, Jesús

---

4. *Ibid.*
5. *Ibid.*

es un buen Rey. De hecho, Jesús es el Rey perfecto que tanto hemos anhelado. Obedecerle a Él no es simplemente negar mis deseos, sino también reconocer que Su voluntad es aún mejor que la mía. Es aquí donde tenemos que entender que permanecer en Jesús y sujetarnos a Él van de la mano. A la medida que pasamos tiempo con Jesús, caminando con Él y siguiéndolo, vemos que Su voluntad no es una carga, sino un deleite. Poco a poco, a la medida que permanecemos en Él, se vuelve nuestro placer hacer Su voluntad y no la nuestra. ¿Quieres cambiar? ¡Excelente! Solo no olvides que todo nuestro proceso de cambio sucede bajo el gobierno y señorío de Cristo.

Sección 2

EL HOMBRE INTERIOR

*«En realidad, todo cambio proviene del profundo
entendimiento que tengas de la salvación de Cristo, y de vivir
los cambios que dicho entendimiento genera en tu corazón».*
Tim Keller

CAPÍTULO 3

TU IDENTIDAD

He vivido la mitad de mi vida en América Latina y la otra mitad de mi vida en Estados Unidos. Mi pasaporte me dice que soy norteamericano, pero mi corazón dice que soy latino. En medio de todo eso, mi cabeza está confundida. He vivido poco tiempo alrededor de mi familia extendida (primos, tíos, abuelos), y por lo tanto he tenido poco contacto con las historias de mis antepasados.

Unos años atrás tuve la inquietud de investigar un poco más acerca de mis antepasados. Pasé mucho tiempo investigando en varias páginas de Internet, intentando encontrar los pasos que tomaron mis antepasados para llegar a Estados Unidos. Le pregunté a mis familiares. Leí libros y revisé cronogramas hechos por otros familiares con el fin de entender *¿quién soy?* Después de pasar mucho tiempo en ello, empecé a cuestionar por qué estaba tan afanado por encontrar y entender mi linaje. Lo pensé, oré y luego platiqué un poco con mi esposa, y la conclusión a la que llegué fue una sola palabra: *identidad.*

Para muchas personas, su identidad está ligada a dónde crecieron, a sus familiares, antepasados o a la cultura de donde vienen. Yo tenía poco conocimiento de todo eso. Viví poco tiempo en Canton, Ohio, de donde vengo, y nunca en Suiza, de donde son los Burkholder. He pasado mucho de mi vida fuera de Estados Unidos y no cerca de mi familia. Conocía muy poco de mis antepasados, y pensé que si los conocía me darían un sentido de pertenencia e identidad.

Sé que no soy el único que ha luchado con preguntas de identidad. Estas preguntas se pueden resumir en dos: «¿quién soy?», y «¿para qué estoy aquí?». Pero por debajo de estas dos preguntas está una principal e importante: «¿importo?».

Estas preguntas revelan una inseguridad que se encuentra en todos. Es claro que anhelamos tener seguridad verdadera. Es claro que queremos ser importantes para alguien, pero simplemente no nos sentimos así. Estas preguntas de identidad y de utilidad son la forma en la que nuestra inseguridad se manifiesta. Esto no quiere decir que hacernos dichas preguntas siempre revelan inseguridad, pero sí quiere decir que fuimos diseñados para gozar de seguridad plena sin preocuparnos tanto por quién somos ni para qué servimos. Dios nos diseño para que Él fuera la fuente de toda nuestra seguridad.

Sin embargo, desde que entró el pecado en el mundo, hemos perdido el fundamento de nuestra seguridad. Fuimos hechos para conocer a Dios y ser conocidos por Él. Fuimos hechos para gozarnos de la presencia de Dios y encontrar toda nuestra seguridad en Él. Y como dije en el primer capítulo: lo que Dios ha hecho por nosotros en Cristo es ofrecer una restauración a ese diseño original.

Parte esencial de nuestro proceso de cambio es entender claramente quiénes somos. Sin una identidad clara, nuestro proceso de cambio nos llevará por muchos caminos mientras intentamos encontrar esa seguridad, esa Vida.

Si no sabemos quiénes somos, es muchísimo más difícil saber hacia dónde deberíamos dirigir nuestro proceso de cambio. Si no tenemos clara nuestra identidad, encontraremos nuestra identidad en todas las diferentes opciones de cambio que se nos ofrecen. ¿Quieres ser exitoso? ¿Quieres ser inteligente? ¿Quieres ser atlético? ¿Quieres ser un gurú del *fitness*? Como mencioné, todos estos pseudoevangelios también nos ofrecen cierta identidad. Nos ofrecen ser reconocidos como importantes y valiosos, y sin darnos cuenta, secuestran nuestra identidad y nos vuelven sus esclavos.

ESPERAMOS UN VEREDICTO

Con el fin de intentar definir nuestra identidad y utilidad, muchas veces hacemos precisamente lo que yo hice con mis antepasados. Empezamos a escarbar diferentes áreas de nuestra vida para encontrar identidad, propósito e importancia. En ocasiones lo hacemos inconscientemente. Tenemos una necesidad profunda de ser amados, pero a veces no sabemos a quién le importamos ni por qué les importamos. Muchos buscan identidad y utilidad porque a lo largo de su vida han escuchado que no importan y que no son útiles. Han sentido el peso de sus propios errores, o han oído lo que otros dicen de ellos, y han llegado al punto de creerle a sus sentimientos o a lo que otros les han dicho.

Esto quiere decir que, en cierto sentido, todos estamos esperando el veredicto de alguien. Sentimos que toda la vida estamos de pie ante el juicio del mundo, con la evidencia en nuestra contra allí —nuestros errores, nuestros talentos, nuestra familia, nuestros logros, nuestro dinero, nuestra apariencia—, y estamos esperando el veredicto: ¿importamos?

Tim Keller dice en su excelente libro *Autoolvido*:

> *Buscamos ese veredicto cada día, en todas las situaciones y de todas las personas que nos rodean. Y eso significa que cada día estamos sometidos a juicio. Cada día nos volvemos a presentar ante un tribunal. [...] Eso es lo que ocurre con el tema de la identidad, y le ocurre a todo el mundo. En ese juicio, tenemos a la acusación y a la defensa. Y lo que hacemos es proporcionar pruebas a la acusación o proporcionar pruebas a la defensa. Algunos días nos parece que estamos ganando el juicio y otros días tenemos la sensación de que lo estamos perdiendo.*[1]

Pero lo complejo de todo esto es que la defensa y la acusación no parecen ser abogados objetivos. Siempre nos enfrentamos a un veredicto arbitrario. Por lo tanto, desesperadamente necesitamos un abogado y un juez objetivo que nos diga quiénes somos y para qué servimos.

---

1. Tim Keller, *Autoolvido* (Andamio, 2013), p. 51.

Una de las bendiciones preciosas que Dios nos otorga en el evangelio es un entendimiento correcto de quiénes somos. Calvino inicia sus *Institutos* con esta línea famosa: «Casi toda la suma de nuestra sabiduría, que de veras se debe tener por verdadera y sólida sabiduría, consiste en dos puntos: a saber, en el conocimiento que el hombre debe tener de Dios y en el conocimiento que debe tener de sí mismo».[2] Para nuestro proceso de cambio es esencial que entendamos claramente nuestra identidad. Esto incluye saber en dónde no buscar nuestra identidad y también entender quién realmente somos en Cristo.

¿QUIÉN NO ERES?

A lo largo de nuestra vida, nuestra idea de lo que somos se va formando. Las palabras que escuchamos, nuestras circunstancias, éxitos y fracasos, relaciones y amistades, todas estas cosas se van juntando para darnos una idea de quién somos. Al mismo tiempo, estas experiencias no siempre son fuentes objetivas de las cuales podemos determinar con claridad lo que somos. Es importante poder escudriñar estos elementos para determinar lo que *no* somos.

No eres tu pasado

Para algunos, el pasado es un tema doloroso. Para otros, es un tema glorioso. Algunos no quieren regresar a él, otros

---

2. Calvino, *Instituciones*, 1.1.1.

quisieran revivirlo todo. Sin embargo, es importante reconocer que no eres tu pasado. En ese sentido, no eres lo que te ha ocurrido o sucedido. Hablaremos más adelante de nuestros conflictos y heridas, y cómo estas no nos definen.

Pablo pone en claro en varios pasajes que cuando confesamos fe en Cristo, lo viejo queda atrás (por ej., 2 Cor. 5:17, Col. 3:9-10, Ef. 4:22-24). Esto significa que, aunque el pasado nos *afecta*, no nos *define*.

Hay una escena excelente en el Evangelio de Marcos. Cuando Jesús le está preguntando a Sus discípulos: «¿Quién dicen que soy Yo?», Pedro responde con mucha confianza: «Tú eres el Cristo». De repente, Jesús le explica a los discípulos lo que eso significa: Él moriría en la cruz. A Pedro no le gustó esa información, y dice Marcos el evangelista: «Entonces Pedro le tomó aparte y comenzó a reconvenirle» (Mar. 8:32). La palabra *reconvenir* es la misma que *reprender* en el idioma original. ¿Puedes imaginar la soberbia necesaria para reprender a Jesús? Pero no solo eso, Jesús le responde: «¡Quítate de delante de mí, Satanás!» (Mar. 8:33).

Esta historia es interesante no solo porque Jesús llama «Satanás» a Pedro. Es interesante porque, según la tradición histórica, Marcos fue el escriba de Pedro. Es decir que el que le contó la historia a Marcos para que la registrara en su Evangelio ¡fue Pedro mismo! Ahora, si tú fueras Pedro, ¿no considerarías editar este episodio? ¿De la ocasión en que Jesús te llamo Satanás? Pero Pedro lo pudo contar con libertad porque sabía que, en Cristo, él ya no es su pasado. Cuando entendemos cuál es nuestra identidad podemos libremente enfrentar y hasta hablar de nuestro pasado, porque sabemos que no somos nuestro pasado.

No eres tu conducta

Algunos hemos luchado incansablemente con pecados y vicios. En particular, antes de ser cristianos, tenemos un historial lleno de obras vergonzosas, adicciones, vicios, actos sexuales y demás. Es fácil empezar a creer que eso es lo que somos. Algunos no se sienten dignos de servir en una iglesia. Tal vez creen que Dios los ha perdonado, pero sienten que siguen relegados a una segunda clase de cristiano por lo que han hecho. No pueden ser como todos las personas santas y justas que oran tan bonito, cantan tan bonito, y siempre se han portado bien.

Pero noten lo que dice Pablo en 1 Corintios 6:9-11:

> *¿No sabéis que los injustos no heredarán el reino de Dios? No erréis; ni los fornicarios, ni los idólatras, ni los adúlteros, ni los afeminados, ni los que se echan con varones, ni los ladrones, ni los avaros, ni los borrachos, ni los maldicientes, ni los estafadores, heredarán el reino de Dios. Y esto* erais *algunos; mas ya habéis sido lavados, ya habéis sido santificados, ya habéis sido justificados en el nombre del Señor Jesús, y por el Espíritu de nuestro Dios.* (Énfasis agregado)

Y esto *eran* algunos de ustedes. Primero que nada, date cuenta de ese listado. En la iglesia de Corinto habían ladrones, avaros, borrachos, adúlteros... toda clase de maldad existía en el pasado de la gente que era parte de la iglesia de Corinto. Esta es la misma iglesia de la cual Pablo dijo: «Así como el testimonio acerca de Cristo ha sido confirmado en vosotros, *de tal manera que nada os falta en ningún don*, esperando la manifestación de nuestro Señor Jesucristo» (1 Cor. 1:6-7, énfasis agregado).

Esta iglesia no estaba llena de gente de segunda clase. Eran personas redimidas y restauradas en Cristo, independientemente de lo que eran antes. Por cierto, Pablo mismo, quien escribió la carta a los Corintios, mató a cristianos antes de ser salvado por Dios. No creas que tu pecado pasado es lo que te define.

Otros han vivido vidas morales intachables. Siempre han cumplido las reglas, y en cierto sentido creen que Dios les debe Su amor por lo que han hecho. Sin embargo, la Biblia es muy clara al decirnos que aun nuestras buenas obras son como «… trapos de inmundicia…» (Isa. 64:6). De hecho, cuando hacemos buenas obras para ganarnos el amor de Dios, estamos demostrando una vez más nuestro propio egocentrismo. No queremos a Dios, sino que queremos usar a Dios para obtener lo que queremos.

Muchos han vivido vidas así en la iglesia. Siempre cumplen con todas las actividades, con todas las normas de sus pastores, siempre están sirviendo y logrando ciertos puestos, asumiendo que eso les hace más valiosos a los ojos de Dios. Ese era el problema perpetuo del pueblo de Israel. Dios les reclama constantemente en el Antiguo Testamento que ellos habían puesto su confianza en sí mismos y no en Él.

No eres lo que otros te han dicho

Hay personas a quienes se les ha quedado grabado lo que otros les han dicho. Tal vez te han dicho que eres un fracaso, que no llegarás a ser nada, que nunca lograrás algo en la vida. Tal vez siempre te han dicho que eres feo, tonto, inútil. Las palabras de otros seguro que nos afectan. En muchos casos, esas palabras siguen retumbando en nuestra cabeza por el resto de la vida.

Y, si ese es tu caso, no quiero minimizar lo que has experimentado; pero sí creo que es importante que evaluemos todo a la luz del evangelio. Específicamente, ¿por qué dejamos que esas personas determinen quién creemos que somos? Esas personas han emitido un juicio. Te están dando *un* veredicto, pero no es *el* veredicto. El juicio al que ellos llegaron viene manchado de su propio pecado. El veredicto de otra persona nunca es objetivo.

El autor Lou Priolo escribe lo siguiente: «El pecado ha afectado el proceso entero del pensamiento del hombre: sus percepciones, su habilidad de razonar, sus juicios, sus motivos, su apetito, sus deseos y sus expectativas. ¿Por qué entonces confiarías en su habilidad para discernir tu carácter?».[3] En otras palabras, cuando creemos lo que otros nos han dicho toda la vida, estamos confiando en alguien torcido, igual de

---

3. Lou Priolo. *Pleasing People: How not to be an approval junkie* [Agradar a las personas: Cómo no ser un adicto a la aprobación], versión Kindle (P&R Publishing, 2007), pos. 784-785.

pecaminoso como nosotros, y por lo tanto no calificado para emitir un veredicto acerca de nuestro valor.

Pablo dice algo interesante en 1 Corintios 4:3: «Yo en muy poco tengo el ser juzgado por vosotros, o por tribunal humano; y ni aun yo me juzgo a mí mismo». Pablo no dejaba que otros humanos caprichosos determinaran su valor y emitieran el veredicto sobre quién era. Pablo se dejaba juzgar únicamente por Dios.

¿QUIÉN ERES?

Nos es tan fácil creer que somos nuestro pasado, nuestra conducta, o somos lo que otros nos han dicho. Esas fuentes son inestables y arbitrarias como para darnos una identidad clara y robusta. Sin embargo, la Palabra de Dios sí es una fuente confiable para expresar claramente quiénes somos. Según la Biblia, ¿quién eres?

Hecho por Dios a Su imagen y semejanza

Si no eres tu pasado, ni tu pecado, ni lo que otros te han dicho, entonces, ¿quién eres? O tal vez dicho mejor: ¿quién determina quién eres? Como todo, vale la pena iniciar desde el principio. En Génesis 1:26-27 vemos el fundamento para nuestra identidad:

Entonces dijo Dios: Hagamos al hombre a nuestra imagen, conforme a nuestra semejanza; y señoree en los peces del mar, en las aves de los cielos, en las bestias, en toda la tierra, y en todo animal que se arrastra sobre la tierra. Y creó Dios al hombre a su imagen, a imagen de Dios lo creó; varón y hembra los creó.

Dios hace al hombre y a la mujer a Su imagen y semejanza. Nosotros, los seres humanos, somos el pináculo de la creación de Dios, pues hemos sido dotados con el privilegio de haber sido hechos como Él. Esto significa que desde nuestra concepción tenemos un valor intrínseco. Nuestro valor no viene de nuestros talentos, ni de nuestros logros, ya que tenemos valor antes de que se sepa qué talentos tendremos y lo que lograremos con ellos. Tú importas porque Dios te hizo, y te hizo como Él.

David explica esto poéticamente en Salmos 139:13-14:

Porque tú formaste mis entrañas; tú me hiciste en el vientre de mi madre. Te alabaré; porque formidables, maravillosas son tus obras; estoy maravillado, y mi alma lo sabe muy bien.

Por ser creación de Dios, somos una obra maravillosa. Claro, no resplandecemos como éramos antes de que entrara el pecado. Pero no todo se ha perdido de la hermosura de la creación de Dios. Seguimos teniendo un valor infinito porque hemos sido creados a imagen de un Dios infinito.

Unido a Cristo

Aunque otros nos menosprecien, somos una obra hecha por las manos de Dios. Las obras de Dios son maravillosas, aun si otras obras de Dios no lo quieran reconocer. No solo eso, la perspectiva y el juicio de Dios son muy diferentes a las del hombre. 1 Samuel 16:7 nos dice que «el hombre mira lo que está delante de sus ojos, pero Jehová mira el corazón». El hombre juzga lo externo, pero el Señor juzga lo interno. Si no fuera por el evangelio, esto nos debería dar miedo. Antes de Cristo, éramos objetos de Su ira. Pero después de haber confesado fe en Cristo, podemos gozarnos de que el Señor mira nuestro corazón y se agrada.

Nuestro valor como cristianos no viene simplemente de haber sido creados a imagen y semejanza de Dios. Todo el Nuevo Testamento nos explica que al confesar fe en el evangelio, somos salvos de la pena de nuestro pecado. Pero el lenguaje más preciso que se usa en la Biblia para hablar de nuestro valor es que hemos sido *unidos a Cristo*. Pablo usa la frase *en Cristo* o *en Él,* lo cual refleja precisamente esta verdad. Por ejemplo, en Efesios 1:3-8 Pablo dice que «en Cristo» hemos sido bendecidos, escogidos, adoptados, redimidos, perdonados, etc. Este es uno de muchos otros pasajes donde Pablo usa esta frase.

Es claro lo que éramos antes de Cristo. Éramos hijos de ira, estábamos muertos en nuestros delitos y pecados. Pero Dios, en Cristo, nos está recreando. El Nuevo Testamento dice muchas cosas acerca de lo que nosotros somos *en Cristo*.

1) **Adoptados:** somos hijos amados, y tenemos todos los derechos de ser hijos.

2) **Perdonados:** Dios nos ha liberado de tener que pagar la pena de nuestro pecado.

3) **Justificados**: somos declarados inocentes, ya no portamos la culpa de nuestro pecado y ahora somos justos. Cuando Dios te mira, si estás en Cristo, Él ve a una

persona completamente inocente. Él no te ve con todo tu pecado pasado, sino que te mira por medio de la vida perfecta y el sacrificio perfecto de Cristo.

4) **Redimidos:** Dios nos ha comprado de la tiranía del pecado, y nos ha declarado suyos.

5) **Nueva creación:** Pablo nos dice en Efesios 2:10 que «somos hechura suya». En la creación, Él nos hizo a Su imagen y semejanza, pero en Cristo Dios nos ha creado de nuevo. Lo viejo ha quedado atrás. En Cristo tenemos borrón y cuenta nueva.

6) **Santos:** en Cristo también somos santos. Pablo inicia muchas de sus cartas llamando *santos* a los hermanos de la iglesia. Ser santo implica estar apartado y separado para Dios.

Este listado podría ser mucho más largo. Al mismo tiempo, este listado tiene enormes implicaciones. Si estás en Cristo, tu valor delante de Dios no viene de tus logros, ni de tus fracasos. No viene de lo que tienes o lo que te falta. No viene de lo que otros te han dicho, de lo que has hecho, ni de lo que has acumulado. Tu valor, tu importancia, tu identidad viene de la obra completa de Cristo. Y nuestra tarea constante es volver día tras día a esa verdad. Porque es en esta verdad —de que *ya somos* hijos amados, adoptados, justificados, perdonados, redimidos, nuevos, y santos— que se nos da la esperanza para vivir así. No hay nada que nos falta para serlo.

CONCLUSIÓN

Si quieres cambiar, es imperativo que sepas quién eres en Cristo. Si no sabemos quiénes somos en Cristo, será fácil intentar hacer una gran cantidad de cosas para validarnos delante de Cristo sin darnos cuenta de que todo lo que anhelamos y queremos ser ya lo tenemos en Cristo.

El desafío de la vida cristiana y de nuestro proceso de cambio es volver vez tras vez a nuestra identidad en Cristo. El mundo entero nos ofrecerá oportunidades para ser importantes, reconocidos, valiosos..., pero en Cristo tú ya eres un hijo amado, ya eres heredero de todos los tesoros en los lugares celestiales (Ef. 1:3). No tienes que pelearte por obtener eso, no tienes que validar tu existencia. El Dios soberano de la creación te ha visto y te ha amado eternamente en Cristo. Esta verdad nos guarda de encontrar nuestro valor en nuestra actividad cristiana, y nos permite dejar que toda nuestra actividad fluya por completo de nuestra identidad firme y segura en Cristo.

El pastor y teólogo Bryan Chappell escribe: «Lo que hacemos no debe determinar quiénes somos; más bien, quien somos por la gracia de Dios debería determinar lo que hacemos».[4] Lo que eres en Jesús no depende de tus obras, depende únicamente de Él. Lo que eres en Jesús no depende de lo que otros te digan, depende únicamente de Él. Lo que eres en

---

4. Bryan Chappel, *Unlimited Grace* [Gracia sin límite] (Crossway, 2016), p. 31.

Jesús no depende de lo que hayas hecho en tu vida, depende únicamente de Él. Si estás en Cristo, tú eres lo que Él es. Cristo es el hijo amado, Cristo es justo, Cristo es santo, Cristo es perfecto, y al estar unido a Él, tú eres lo que Él es.

CAPÍTULO 4

TU SANTIDAD

Odio ir al dentista. Si eres dentista, te pido disculpas. Por mucho tiempo tuve brákets, y eso significaba que visitaba al dentista una vez al mes por más de cuatro años. Esto me dejó con un mal sabor en la boca, literal y metafóricamente. Ahora busco cualquier excusa para no ir al dentista. El problema es que yo sé que es importante ir. Por lo tanto, es un tema que suelo evitar si es que puedo. Cuando alguien me dice que es dentista, inmediatamente busco como salirme del tema.

Nuestra experiencia del concepto de la santidad es similar. Todos sabemos que es necesaria e importante para nuestra vida, pero en la mayoría de los casos buscamos evitar el asunto. La evitamos porque cuando hablamos de la santidad simplemente nos recuerda cuánto nos falta en nuestro proceso de cambio. Si la meta es ser santo como Cristo, ¡pues me falta una infinidad! Pero ¿qué tal si el punto de la santidad no es, primariamente, el cambio de nuestra conducta? ¿Qué tal si nuestra conducta responde a algo más profundo?

Cuando hablamos de la santidad, muchas personas de manera inmediata piensan en reglas y en su incapacidad de seguirlas. Obviamente, la Biblia sí tiene muchas demandas morales, y deberíamos de hacerle caso a estas demandas. Pero en realidad, la santidad es un tema mucho más amplio que un estándar de conducta.

¿QUÉ ES LA SANTIDAD?

La Biblia trata mucho el tema de la santidad. Por ejemplo:

- *Habéis, pues, de serme santos, porque yo Jehová soy santo, y os he apartado de los pueblos para que seáis míos (Lev. 20:26).*
- *Y Jehová ha declarado hoy que tú eres pueblo suyo, de su exclusiva posesión, como te lo ha prometido, para que guardes todos sus mandamientos; a fin de exaltarte sobre todas las naciones que hizo, para loor y fama y gloria, y para que seas un pueblo santo a Jehová tu Dios, como él ha dicho (Deut. 26:18-19).*
- *Santificaos, pues, y sed santos, porque yo Jehová soy vuestro Dios. Y guardad mis estatutos, y ponedlos por obra. Yo Jehová que os santifico (Lev. 20:7-8).*
- *Sino, como aquel que os llamó es santo, sed también vosotros santos en toda vuestra manera de vivir; porque escrito está: Sed santos, porque yo soy santo (1 Ped. 1:15-16).*
- *Seguid la paz con todos, y la santidad, sin la cual nadie verá al Señor (Heb. 12:14).*

• *Así que, amados, puesto que tenemos tales promesas, limpiémonos de toda contaminación de carne y de espíritu, perfeccionando la santidad en el temor de Dios (2 Cor. 7:10).*

Indiscutiblemente, la santidad le importa a Dios. La santidad no es una opción para el cristiano. Pero en muchos casos, hablamos de la santidad de una manera superficial. La reducimos a un listado de reglas que debes cumplir. Sin embargo, a lo largo de la Biblia vemos que la santidad no es únicamente una conducta pura, sino que además nace de un corazón puro que ama y adora a Dios por sobre todas las cosas. Esto no quiere decir que nuestra conducta no importa, sino que la santidad conlleva más que nuestra conducta.

Por ejemplo, vemos que Jesús expresa en Mateo 22:37-40: «... Amarás al Señor tu Dios con todo tu corazón, y con toda tu alma, y con toda tu mente. Este es el primero y grande mandamiento. Y el segundo es semejante: Amarás a tu prójimo como a ti mismo. De estos dos mandamientos depende toda la ley y los profetas».

Jesús establece perfectamente que todas las leyes, todo el estándar de conducta de Dios, depende de estos dos mandamientos. Por lo tanto, no se trata tan solo de una obediencia robótica a un estándar inanimado; más bien, la verdadera santidad es primero un concepto relacional y de adoración y un tema de amor; y de eso fluye una obediencia al estándar de Dios. Es lo que Jesús dice en Juan 14:15: «Si me amáis, guardad mis mandamientos».

La prueba principal de la santidad no es si seguimos las reglas; es si amamos a Dios por sobre todas las cosas. Nuestra adoración y amor por Dios es el motor de toda nuestra conducta. Esto no nos debería de sorprender. Lo podemos palpar cuando vemos a nuestros niños. Un niño le pega a otro porque le quitó el juguete. El niño que dio el golpe no tiene un sentido de justicia, no intenta mantener el orden. Lo que ese niño ama más es a sí mismo, y lo que más anhela es tener el juguete, y por lo tanto le pega al otro niño que se lo quitó.

Paul Tripp, el autor y consejero bíblico, recalca: «Por diseño de Dios, somos adoradores. La adoración no es primero una actividad, la adoración primero es nuestra identidad. Eso significa que todo lo que tú y yo hacemos y decimos es un producto de nuestra adoración».[1]

Como nos recordó Bryan Chappell al final del último capítulo: lo que somos determina lo que hacemos. Por lo tanto, ser adoradores significa que viviremos nuestra vida en función de aquellas cosas que adoramos. Cuando Dios es el objeto de nuestra adoración y de nuestro amor, lo que hacemos con nuestro tiempo, cuerpo, dinero y energía serán cosas que le honran a Él y no a nosotros. Por lo tanto, la pregunta no es si cumplimos bien las reglas, sino ¿qué o quién es el objeto de nuestra adoración y amor?

Agustín, aquel pastor del siglo IV, lo expresó así: «Cuando preguntamos si un hombre es bueno, no estamos preguntando necesariamente lo que cree ni lo que espera, sino lo que el más

---

1. Paul David Tripp, *Llamamiento peligroso: Enfrentando los singulares desafíos del ministerio pastoral*, versión Kindle (Faro de Gracia), pos. 1603.

ama».[2] En nuestras fuerzas, la santidad está totalmente fuera de nuestro alcance porque no somos capaces de adorar y amar a Dios. Lo único que queremos en nuestra condición caída es amarnos y adorarnos a nosotros mismos.

¿CUÁL ES NUESTRO PROBLEMA?

La oferta de la serpiente en Génesis 3 fue que podríamos ser como Dios. Antes de conocer el evangelio, nuestro corazón está inclinado hacia la adoración propia. Todo lo que hacemos, pensamos y decimos se trata de nosotros. La serpiente, siendo astuta, sabía que éramos adoradores, y lo que nos ofreció fue cambiar el objeto de nuestra adoración. Nos ofreció ser nuestro propio objeto de adoración.

Esta decisión afectó todo. Ahora todos nacemos como adoradores de nosotros mismos. Esta es la razón por la que Jesús nos dice en Mateo 15:19: «Porque del corazón salen los malos pensamientos, los homicidios, los adulterios, las fornicaciones, los hurtos, los falsos testimonios, las blasfemias».

Nuestro problema principal que impide la santidad no es nuestra conducta, sino que es un corazón que no ama ni adora a Dios. Este corazón se ama y se adora a sí mismo. Mientras que nos amemos a nosotros mismos, no podemos esperar ser santos.

Considera el pecado con el cual luchas más. Para la mayoría de nosotros, la motivación que tenemos en continuar

---

2. Agustín, *Enchiridion*, 31.117.

en ese pecado es nuestro propio placer. Tal vez queremos control, y por eso nos enojamos con otros porque no hacen las cosas como las quisiéramos. Queremos la adulación de otros, entonces vemos pornografía porque allí nos sentimos deseados. Queremos comodidad, entonces buscamos el licor que nos tranquiliza para que podamos dejar de pensar y simplemente existir. En todos estos casos, el problema de nuestro pecado no inicia con lo que hacemos, inicia con lo que anhelamos. Todo pecado nace de un corazón que se ama demasiado a sí mismo.

UN NUEVO CORAZÓN

Hay una razón por la que podemos tener esperanza en nuestra lucha para cambiar. En el Antiguo Testamento aparecen una serie de promesas que se tratan no tanto de nuestra conducta, sino de la fuente de nuestra conducta: nuestro corazón. El pasaje más famoso de estas promesas es Ezequiel 36:26-27:

Os daré corazón nuevo, y pondré espíritu nuevo dentro de vosotros; y quitaré de vuestra carne el corazón de piedra, y os daré un corazón de carne. Y pondré dentro de vosotros mi Espíritu, y haré que andéis en mis estatutos, y guardéis mis preceptos, y los pongáis por obra.

La promesa en este pasaje trata nuestro verdadero problema. Dijimos que la razón por la que pecamos es porque tenemos un corazón torcido que quiere adorar cosas que no son Dios. De nuestro corazón procede nuestra conducta perversa. Si tan solo pudiéramos tener un corazón bueno, podríamos tener con buena conducta, y eso es precisamente lo que este pasaje promete.

No solo eso, este nuevo corazón tiene la capacidad de ser moldeado porque ya no es de piedra. Una piedra no se puede formar, no puede cambiar su forma. Un corazón de carne es algo vivo, algo activo, algo que pude tomar una forma distinta. Y la promesa que Dios nos da es que este nuevo corazón será gobernado por Su Espíritu y podrá andar en Sus estatutos. Es decir, podremos tener una conducta santa porque tenemos un corazón nuevo.

Pablo dice algo similar en Romanos 6:17-18: «Pero gracias a Dios, que aunque erais esclavos del pecado, *habéis obedecido de corazón* a aquella forma de doctrina a la cual fuisteis entregados; y libertados del pecado, vinisteis a ser siervos de la justicia» (énfasis agregado).

Creer en el evangelio es un cambio de adentro hacia afuera, no de afuera hacia adentro. Cuando pensamos en la santidad cristiana, muchas veces pensamos en lo externo. Pero la Biblia nos explica que es al revés. Cuando nos arrepentimos de nuestro pecados y confesamos fe en Cristo, ¡Dios nos hace un transplante! Nos da un nuevo corazón que tiene la capacidad de amarlo, ser gobernado por Él y que por lo tanto puede producir obediencia a Dios, es decir, santidad.

En el pasaje famoso de la conversión de Agustín, en sus *Confesiones,* dice lo siguiente: «De repente, se me hizo dulce vivir sin las dulzuras de la necedad. Lo que antes temía perder ahora era un deleite no tenerlo. Tú [Dios] cambiaste desde adentro mis anhelos y entraste para reemplazarlos, más placentero que cualquier placer, más brillante que toda luz, más alto que cualquier honor».[3]

Esto reta el pensamiento común. Muchos piensan que tienen que cambiar *para* acercarse a Dios, cuando la realidad es que solo pueden cambiar *al* acercarse a Dios. La cita famosa de C. S. Lewis lo expresa claramente: «[Los creyentes] no creen que Dios nos amará porque seamos buenos, sino que Dios nos hará buenos porque nos ama…».[4]

¿CÓMO LUCHAR BIEN?

Aunque tenemos un corazón nuevo que posee la capacidad de adorar a Dios y vivir en santidad, pareciera que el pecado no quiere perder tan fácilmente. Algunas personas tienen esos testimonios impresionantes donde todo cambia radicalmente al momento que confesaron fe en Cristo. Sin embargo, la mayoría de nosotros, aunque nos hayamos arrepentido de nuestro pecado y confesado fe en Jesús, seguimos batallando con muchos de los mismos pecados. Esto no nos debería sorprender, ya que no hemos sido separados de nuestra carne. El propósito de la vida cristiana de este lado de la gloria no es

---

3. Agustín, *The Confessions* [Las confesiones] (Oxford World's Classics, 2009), p. 155.

4. C. S. Lewis, *Mero cristianismo*, edición Kindle (HarperCollins Español, 2006), pos. 908.

poder dejar de luchar con el pecado por completo, sino más bien es aprender a luchar bien contra el pecado.

En Colosenses 3:1-11 Pablo nos da la receta perfecta para luchar bien contra el pecado y perseguir la santidad. Lo que Pablo nos dice en estos versículos es muy claro:

1) Mira a Cristo (Col. 3:1-2)
2) Depende de Cristo (Col. 3:3-4)
3) Haz morir tu pecado para Cristo (Col. 3:5-10)

Mira a Cristo

Pablo inicia recordándole a los Colosenses su identidad. Ellos «han resucitado con Cristo» (v. 1). Y les sigue animando a que «busquen las cosas de arriba donde está sentado Cristo», y que «pongan su mira en las cosas de arriba» (v. 2). Se supone que con esto Pablo se refiere a aquellas cosas celestiales que ahora tenemos gracias a lo que Jesucristo ha logrado por nosotros. De todas esas cosas, no hay ni una que sea más valiosa que Cristo mismo.

Es precisamente aquí donde inicia la santidad, no con la conducta, sino con el objeto de nuestra adoración. Todo el Nuevo Testamento nos llama a fijarnos en la belleza de Cristo, a meditar en la hermosura de Cristo, a meditar en Su gloria y contemplar Su grandeza. Cuando caemos en pecado es porque creemos que experimentaremos placer, gozo, comodidad o seguridad fijándonos en algo más, y erradamente le rendimos adoración a esas cosas para que suplan lo que nuestro corazón anhela.

Por ejemplo, hablemos de alguien que lucha con la pornografía. Muchos hombres saben que es malo ver pornografía, pero pocos han evaluado por qué continuan viendo. Por supuesto que lo hacen por el placer, pero el placer es más que físico. En muchos casos están buscando suplir y llenar algo más profundo en su corazón. Algunos hombres anhelan control. No logran tener control en su negocio, en su familia, en su dieta o ejercicio, tampoco en la iglesia, pero con un par de clics ellos pueden ver a mujeres que hacen exactamente lo que ellos quieren. El control es lo que su corazón anhela, la pornografía es la manera en que se manifiesta.

Podríamos hablar del enojo en un matrimonio. Tal vez un esposo llega a su casa y no reconoce el esfuerzo que ha hecho su esposa en todo el día. Él simplemente llega a quejarse de lo cansado que se siente. Deja sus zapatos en un lugar donde no debería, y la esposa explota diciéndole lo inepto e ignorante que es, y cómo puede ser que no logre poner las cosas en su lugar. Lo que el corazón de ella anhela es afirmación y aceptación, lo cual se manifiesta en su enojo.

Sin embargo, al ver y meditar en la belleza de Cristo, no podemos negar que Él es infinitas veces más precioso que unos momentos de placer, o de gritos al esposo. Jesús nos da verdadero gozo, y no felicidad temporal, al saber que absolutamente todo está bajo Su control. Yo puedo soltar las riendas de mi vida y confiar en Él. Él me da verdadera afirmación y aceptación al saber que me ama infinitas veces más de lo que mi cónyuge podría, y no tengo que hacer nada para ganarme esa aceptación. Cristo nos mira y nos acepta tal y como somos.

Esto es predicarnos el evangelio. Le proclamamos a nuestro ser interior que Cristo es todo lo que nuestro corazón busca. Él ha logrado nuestra justicia y ha quebrantado el poder del pecado. Le proclamamos a nuestro ser interior que Cristo ya ha conquistado el poder del pecado. Lo que nuestro corazón busca equivocadamente en el pecado, ya lo tenemos en Cristo. Y por lo tanto, nuestra lucha con la santidad inicia al mirar hacia arriba, al mirar y meditar en Cristo.

Jerry Bridges, en su libro famoso *En pos de la santidad,* menciona lo siguiente: «Tú también, si diligentemente persigues la santidad, debes correr a menudo a la Roca de tu salvación. Corres allí, no para que te salve otra vez, sino para confirmar en tu corazón que haz sido salvado únicamente por Su justicia».[5] Iniciamos al mirar a Cristo.

Depende de Cristo

Pablo continúa al recordarle a los Colosenses que ellos han muerto y que su vida ha sido escondida con Cristo (Col. 3:3). Les dice que cuando Cristo, *quien es su vida,* sea manifestado, también serían manifestados con Él (Col. 3:4). Siempre me ha encantado esa frase: «Cristo, vuestra vida». Esta idea de que Cristo es nuestra vida no significa simplemente que Cristo es muy valioso para nosotros; significa que la vida que

---

5. Jerry Bridges, *The Pursuit of Holiness,* edición Kindle [En pos de la santidad] (NavPress, 2016), pos. 334-335.

nosotros ahora tenemos solo existe por medio de Jesús. Una vida santa solo se logra por Cristo, y una vida en Él resulta en una vida santa.

Pablo recalca en Colosenses algo que a menudo menciona en otras cartas también, como en Gálatas 2:20: «Con Cristo estoy juntamente crucificado, y ya no vivo yo, mas vive Cristo en mí; y lo que ahora vivo en la carne, lo vivo en la fe del Hijo de Dios, el cual me amó y se entregó a sí mismo por mí». En este versículo vemos cosas parecidas a Colosenses 3:3-4: 1) hemos muerto, y 2) vivimos en Cristo. Pero luego dice que la vida que ahora vivimos la vivimos por fe. Esto nos ayuda a entender lo que Pablo dice en Colosenses 3:3-4. Decir que Cristo es nuestra vida es decir que la vida que ahora vivimos, la vivimos en dependencia a Él. Quizás ya sepas esto, quizás no: no solo creemos en Cristo para vivir eternamente; creemos en Cristo *todos los días*. Nuestra vida depende de Él. Nuestro proceso de cambio depende de Él.

Al depender de Él, Cristo nos da todo lo que necesitamos para poder cambiar y vivir en santidad. Esto sigue siendo una muestra de la gracia de Dios. Él no exige algo de nosotros sin que nos dé el poder para cumplirlo. Y por lo tanto, luchar por la santidad es depender de la gracia de Cristo para que Él obre en nosotros, para decirle «no» al pecado y «sí» a la santidad.

¿Te diste cuenta? Según Pablo en Colosenses 3, nuestra santidad inicia al enfocarnos no en nosotros, sino en Cristo. Esto es un recordatorio importante. Es fácil caer en la trampa de solo ver nuestro desempeño espiritual. Nos comparamos con los demás y queremos ser «más espirituales» que otros. Nos sentimos a gusto cuando escuchamos los pecados de otros, y nos sentimos mal cuando nos sentimos «más pecadores» que otros. Toda esa actitud de juicio y competitividad entre cristianos se desvanece cuando el objeto principal en el cual nos enfocamos es Cristo y no nosotros. Y es precisamente por eso que es importante reconocer que la santidad tiene como fin amar a Dios por sobre todas las cosas. Podrías tener todo en orden y controlar tu conducta a la perfección... y hacerlo para glorificarte a ti mismo. Cuando tu conducta es recta, pero su fin es tu propia gloria, eso no es vivir en santidad.

Haz morir

Después de que Pablo nos recuerda que debemos mirar a Cristo y depender de Él, nos llama a hacer morir nuestro pecado. Esta idea de *hacer morir* suena fuerte, y lo es. Tenemos que entender que adentro de nosotros sigue viviendo la podredumbre de nuestra carne pecaminosa. Aunque esta ya ha perdido, quiere usar sus últimos suspiros para que quitemos nuestros ojos del Señor y nos sigamos endiosando. La famosa cita de John Owen lo explica claramente: «Mata al pecado, o el pecado te matará a ti». Por lo tanto, no podemos mantenernos pasivamente esperando que nuestro pecado desaparezca. Somos llamados a matarlo.

Pero, seamos sinceros... muchos de nosotros no sabemos cómo hacerlo. Para hacer morir nuestro pecado, propongo cuatro elementos importantes:

1. Confiésalo

Nuestro pecado pierde poder cuando lo confesamos. Cuando mantenemos nuestras vidas en la oscuridad y no confesamos nuestro pecado, le damos a nuestra carne mucha oportunidad para continuar buscando el pecado. Cuando confesamos nuestro pecado (lo traemos a la luz), el pecado pierde poder.

Muchos no quieren hablar de su pecado. Pero déjame recordarte algunas verdades esenciales. Para empezar, todos somos pecadores. Tú no eres un peor pecador que otros. Nos hemos creído la mentira de que no hay nadie tan malo como yo. Simplemente no es cierto. Es una lástima, pero en muchas de nuestras iglesias terminamos con un gran número de pecadores fingiendo que no son pecadores para que los demás pecadores no se enteren que pecan. ¡Qué complicados somos!

No solo eso, sino que además, cuando confesamos nuestro pecado, ¡queda perdonado! Es decir que, si estamos en Cristo, ya no estamos bajo condenación (Rom. 8:1). Dios no nos condena. Eso es increíble. El único que tiene el derecho a condenarnos por nuestro pecado no lo hace. Muchos le tenemos más miedo a lo que pensará la gente que a lo que piensa Dios. Si el Dios soberano, majestuoso, creador de todo el mundo ya me perdonó, ¿por qué tenerle miedo a lo que dicen las personas?

2. Rinde cuentas

Después de que lo has admitido, es imperativo que tengas a otras personas en tu vida quienes te puedan animar y aun preguntarte acerca de cómo va tu lucha. Nuestro corazón pecaminoso rápidamente quiere regresar a nuestro pecado, así que aunque lo confesemos, podemos caer de manera inmediata después. Y en mucho casos, lo haremos. Necesitamos a otras personas que entiendan lo engañoso que es nuestro corazón y nos apoyen.

Hebreos 3:13 dice lo siguiente: «... antes exhortaos los unos a los otros cada día, entre tanto que se dice: Hoy; para que ninguno de vosotros se endurezca por el engaño del pecado».

¡Necesitamos exhortación diaria!

3. Identifica ídolos

Por lo general, cuando pecamos, estamos buscando adorar algún ídolo de nuestro corazón. Esa es la raíz del pecado.

Cuando rendimos nuestro amor y nuestra adoración a uno, o varios, ídolos, pecamos. Por ejemplo, cuando alguien se enoja con su esposa porque la casa no está presentable como él lo quiere, su pecado es enojarse con su esposa, pero la razón es debido a que hay un ídolo de comodidad, o de control y poder. En lugar de amar a Dios, y por ende amar a su prójimo (su esposa), él ama su comodidad y está usando a su esposa para lograr lo que él más desea: una casa presentable que le dé comodidad.

Esto significa que mientras confesamos nuestro pecado, hay otras preguntas que deberíamos hacernos con el fin de identificar la raíz:

- ¿Qué es lo que quieres, anhelas, codicias y deseas?
- ¿Cuáles son los deseos a los que sirves y obedeces, o que te controlan?

- ¿Dónde encuentras refugio, seguridad, consuelo, escape o placer?
- ¿Qué es lo que ocupa más tu mente?
- ¿Qué es lo que te preocupa o te obsesiona?
- Cuando te levantas por la mañana, ¿qué es lo primero que piensas?

Preguntas como estas nos ayudan a identificar no solo cómo hemos pecado, sino también por qué. Nos ayudan a identificar nuestros ídolos.

4. Medita y memoriza la Escritura

Por último, a lo largo de la Biblia se nos recuerda la importancia de la Escritura en nuestra vida. En un próximo capítulo dedicaremos más tiempo a este asunto, pero brevemente quiero recordarte algunos versículos importantes.

Toda la Escritura es inspirada por Dios, y útil para enseñar, para redargüir, para corregir, para instruir en justicia, a fin de que el hombre de Dios sea perfecto, enteramente preparado para toda buena obra. (2 Tim. 3:16-17)

¿Con qué limpiará el joven su camino? Con guardar tu palabra. (Sal. 119:9)

Si toda la Escritura es útil a fin que de seamos equipados para toda buena obra, tiene sentido que hagamos lo que nos dice el salmista: guardar la Palabra de Dios. Si queremos amar a Dios sobre todas las cosas, una de las mejores formas de estimular nuestros afectos a un amor profundo por Dios es al meditar en la Palabra de Dios. En aquellos momentos de tentación, Dios traerá a tu mente pasajes que te recuerdan Su hermosura, y de lo glorioso que es vivir de una forma que le agrada y le honra a Él.

CONCLUSIÓN

Espero que este capítulo no haya sido tan doloroso como es para mí ir al dentista. Aun así, creo que es igual de beneficioso que ir al dentista. Esto no quiere decir que la santidad siempre será dolorosa. Pero parte de lo que hace que hablar de la santidad sea un poco doloroso, es porque a veces se siente como que nunca avanzaremos. Por una parte, a medida que nuestro corazón se enamore más y más de Dios, de vivir de una forma que le agrade a Él, nos será más y más fácil. Por otra parte, por más que nos enamoremos de Dios, más conscientes seremos de lo lejos que está nuestra conducta de ser algo que le agrade. Esta es la tensión constante en nuestro proceso de cambio. Y este proceso no termina este lado de la eternidad. Cuando lleguemos a la gloria, Él nos perfeccionará, y por fin seremos todo lo que hemos anhelado ser. Él nos cambiará. Pero, mientras tanto, el proceso de cambio sigue. Para cambiar, tenemos que evaluar qué es lo que más amamos.

CAPÍTULO 5

TU CONSOLADOR

Me gusta mucho la música. Vengo de una familia musical. Para nosotros no era opcional aprender a tocar un instrumento. Lo que yo más quería aprender era tocar la guitarra. Sin embargo, lo que mi mamá me podía enseñar era el piano. Entonces, bajo la idea de que el piano me podría ayudar algún día a tocar la guitarra, decidí aprender piano. La idea de tener a mi mamá como maestra parecía buena al principio. Ella es una muy buena maestra. El pequeño problema es que yo no soy un buen alumno. Hoy en día sí toco el piano todavía, pero no se ve todo el esfuerzo invertido en ese proceso.

Sin embargo, a menudo pienso en cómo sería mi habilidad para tocar el piano sin mi mamá. Si pusieras delante de mí una de las canciones más famosas de Mozart, podría hoy por lo menos descifrar algunos de los elementos, pero sin esa ayuda que obtuve de mi mamá sería igual que intentar leer chino. Un maestro de música te ayuda a aprender y a crecer hasta poder hacer desde lo más básico hasta lo más complejo. Primero te enseñan las notas: do, re, mi..., hasta poder llegar a entender todas las complejidades de armonías, acordes distintos y todos los movimientos de notas en diferentes momentos específicos.

No te quiero aburrir hablando de música, pero hay un punto importante. Puede ser que veas la vida cristiana como esa canción de Mozart. Piensas: *¡Es imposible!* Cuando lees los capítulos anteriores sobre la santidad y la identidad, entiendes los conceptos, pero simplemente no logras vivirlos. Anhelas la santidad, pero parece que no logras hacer que suceda. Quieres cambiar, quieres crecer, pero parece que te estancas.

De la misma manera en la que yo no podría haber avanzado en tocar el piano sin mi maestra, Dios nos ha dado una ayuda idónea para nuestro proceso de cambio. Tenemos a alguien que nos acompaña en el proceso de cambio y garantiza su final exitoso.

¿CÓMO OBTENEMOS EL ESPÍRITU SANTO?

Quizás ves a los discípulos de Jesús y piensas: *¡Guau!, que excelente sería poder caminar con Jesús todos los días!* Lo entiendo. Sí, sería increíble poder compartir con Él diariamente, escuchar Sus enseñanzas, hacerle preguntas y aun ser corregido por Él. Pero hay un pasaje curioso en el Evangelio de Juan, donde Jesús le dice a Sus discípulos que es mejor que Él se vaya y los deje. Jesús explica en Juan 14:16-17:

Y yo rogaré al Padre, y os dará otro Consolador, para que esté con vosotros para siempre: el Espíritu de verdad, al cual el mundo no puede recibir, porque no le ve, ni le conoce; pero vosotros le conocéis, porque mora con vosotros, y estará en vosotros.

Y luego en Juan 16:7:

Pero yo os digo la verdad: Os conviene que yo me vaya; porque si no me fuera, el Consolador no vendría a vosotros; mas si me fuere, os lo enviaré.

A lo largo de Juan 13–17 Jesús habla mucho de este Consolador. El Consolador es el Espíritu Santo. Cuando hablamos de cómo obtenemos el Espíritu Santo, tenemos que entender, primero que nada, que el Espíritu Santo es un regalo de Dios. No es algo que tenemos que esforzarnos por obtener por medio de ayunos o mucha oración. Al contrario, cuando confesamos fe en Jesús, en ese momento somos bautizados por el Espíritu Santo, y Él mora con nosotros por el resto de la vida. Nunca nos abandona.

Efesios 1:13 expresa esta idea claramente:

En él también vosotros, habiendo oído la palabra de verdad, el evangelio de vuestra salvación, y habiendo creído en él, fuisteis sellados con el Espíritu Santo de la promesa.

Esto significa que tenemos a un maestro en el momento que inicia nuestro proceso de cambio, una ayuda que va por el camino con nosotros. Esta ayuda no es una fuerza o un poder. La Palabra de Dios es clara al decir que el Espíritu Santo es una *persona* que mora en nosotros. Es la tercera persona de la Trinidad, quien el Padre y el Hijo han enviado (Juan 15:26) para acompañarnos y cumplir Sus propósitos en los creyentes y el mundo.

No hay ninguna parte de nuestro proceso de cambio que no involucre al Espíritu Santo. De hecho, toda la vida cristiana existe y procede por la obra del Espíritu Santo. J. I. Packer escribe: «La vida cristiana, en todos sus aspectos —intelectual y ético, devocional y relacional, hacia arriba en adoración y hacia afuera en misión— es sobrenatural; solo el Espíritu lo puede iniciar y sostener».[1]

Tal vez estas pensando: ¿por qué le decimos *Consolador* al Espíritu? La palabra que usa Jesús da a entender que es una ayuda que ha sido enviada a la par nuestra, para caminar con nosotros. Le decimos Consolador porque Él nos consuela en el sentido de que alivia la carga que tenemos. ¡Él nos ayuda a llevarla! En otros pasajes la palabra se traduce *abogado*, lo que implica que es alguien que nos protege y defiende. Aun en otras versiones se traduce *consejero*, lo que significa que nos da sabiduría y nos ayuda a entender la vida correctamente. El punto es que Dios en Su misericordia nos ha dado al Espíritu Santo, nuestra ayuda idónea para el proceso de cambio. El Espíritu Santo entonces está en nosotros como nuestra ayuda. Durante

---

1. J. I. Packer, *Keep in Step with the Spirit* [Al paso con el Espíritu] (Baker Books, 2005), p. 15. Traducción del autor.

todo nuestro caminar con Dios, tenemos a este Consolador, Abogado, Consejero, Ayudante y Maestro. Precisamente por nuestra incapacidad para cambiarnos, Dios nos ha dado a esta ayuda idónea que nos acompaña a lo largo del proceso.

¿QUÉ HACE EL ESPÍRITU SANTO?

Tener una ayuda realmente solo te ayuda si sabes lo que hace. Solemos manejar mucha confusión con el Espíritu Santo. Lo vemos más como la fuerza de *La guerra de las galaxias* en lugar de como una persona que opera de diferentes maneras en nuestra vida. El Espíritu Santo es una persona real, Él habita en nosotros y está obrando al hacer aquellas cosas que le corresponde hacer. La Escritura nos revela varias cosas que el Espíritu hace.

Revela nuestro pecado

Dijimos que una parte esencial en nuestro proceso de cambio es hacer guerra contra nuestro pecado. Pero hay algo que estamos dando por sentado: ¿sabemos claramente cuándo hemos pecado o en qué manera hemos pecado? Solemos ser ciegos a nuestra propia ceguera. Aunque creemos que la pena del pecado ha sido pagada, seguimos luchando con los efectos del pecado en nuestra vida. Uno de esos efectos es la ceguera espiritual, la cual nos impide ver las maneras en las que hemos pecado.

Aquí es donde el Espíritu Santo obra en el mundo y en nosotros. Nos dice Gálatas 5:17 que el deseo «del Espíritu es contra la carne». En Juan 16:8 Jesús dice que el Espíritu convencerá al mundo de su pecado. En Salmos 139:23-24 David le pide a Dios que le escudriñe y le pruebe para ver si en él había camino malo.

Una de las cosas que el Espíritu Santo hace es ayudarnos a ver nuestro pecado. ¿Recuerdas alguna vez cuando pecaste y sentías que tenías que arrepentirte por ello? Eso no es tu conciencia nada más, es el Espíritu Santo que te convence de pecado.

Ilumina la Escritura

No podremos cambiar si no es por medio de la meditación en la Escritura. La Biblia es la revelación de Dios. En ella Dios revela tanto Su plan para el mundo, como Su persona, naturaleza, moral, bondad y amor. Como mencioné en el capítulo anterior, la verdadera santidad es amar a Dios por sobre todas las cosas. Pero ¿cómo lo amaremos si no lo conocemos? La manera en la que conocemos a Dios es por medio de Su Palabra.

El libro de 1 Corintios 2:12 nos explica que «no hemos recibido el espíritu del mundo, sino el Espíritu que proviene de Dios, para que sepamos lo que Dios nos ha concedido». El Espíritu Santo inspiró la Escritura (2 Tim. 3:16) y nos ayuda a entenderla. Si entiendes lo que dice la Biblia, y no simplemente su contenido, sino su relevancia y el peso eterno que tiene para tu proceso de cambio, eso sucede debido a que el Espíritu Santo ha estado obrando en ti para que veas eso con claridad. De hecho, una de las maneras en las que el Espíritu

Santo contrarresta nuestra ceguera espiritual es al ayudarnos a ver la verdad de la Palabra.

Y no solo nos ayuda a entenderla, sino que además la Biblia nos dice que ella misma es viva y activa (Heb. 4:12). Cuando escuchas la Biblia predicada y te penetra al corazón, y te gozas por la gracia de Dios al escuchar la Escritura, o te arrepientes de tu pecado al escucharla, eso sucede por la obra del Espíritu Santo.

Apunta a Cristo

El Rey Jesús demanda que permanezcamos en Él para nuestro proceso de cambio. ¿Cómo lo hacemos si parece tan fácil olvidarnos de Él? Además del problema de nuestra ceguera espiritual, solemos ser rápidos para olvidar aquellas cosas de importancia eterna. Sin embargo, parte esencial de la labor del Espíritu Santo es ayudarnos a ver a Cristo con más claridad.

Nota lo que dice Jesús con respecto a esto en Juan 15:26:

Pero cuando venga el Consolador, a quien yo os enviaré del Padre, el Espíritu de verdad, el cual procede del Padre, él dará testimonio acerca de mí.

El Espíritu Santo no obra principalmente para hacer Su presencia vista y notoria, sino que obra para que nosotros veamos a Cristo con más claridad. A menudo nuestras conversaciones acerca del Espíritu Santo se han enfocado en Él, cuando Su enfoque es dar testimonio de Jesús. Cuando nosotros contemplamos el evangelio y pensamos en la hermosura de la obra de Jesús, es porque el Espíritu Santo está obrando en nosotros.

No solo eso. El Espíritu también nos ayuda a parecernos más a Cristo. Mira lo que dice 2 Corintios 3:17-18:

> *Porque el Señor es el Espíritu; y donde está el Espíritu del Señor, allí hay libertad. Por tanto, nosotros todos, mirando a cara descubierta como en un espejo la gloria del Señor, somos transformados de gloria en gloria en la misma imagen, como por el Espíritu del Señor.*

El Espíritu obra milagrosamente en nosotros para que seamos transformados en la misma imagen de Jesús. Es como si Él nos cargara de donde estamos hoy y nos llevara hasta la meta final, la cual es conocer más a Jesús y ser como Él.

Produce fruto en nosotros

No conozco a nadie que quiere carecer de virtudes como amor, paciencia o gozo. Sin embargo, a menudo vemos estas cualidades o características como algo que simplemente tenemos que aprender y esforzarnos por adquirirlas, y de allí esperar ser más amorosos, pacientes o gozosos. Mientras que sí hay ciertos elementos de esfuerzo en estas virtudes, para el cristiano, las virtudes incluyen un proceso milagroso que hace el Espíritu Santo.

Pablo explica en Gálatas 5 que «el fruto del Espíritu es amor, gozo, paz, paciencia, benignidad, bondad, fe, mansedumbre, templanza; contra tales cosas no hay ley». Estas virtudes son fruto *del Espíritu*. No son fruto de tu esfuerzo, no son fruto de tu pasión, no son fruto de tus buenas intenciones, sino que son fruto del Espíritu. Poder vivir una vida llena de las virtudes que honran a Dios sobre todas las cosas es algo que el Espíritu Santo produce en nosotros.

Esta es una excelente promesa. Piensa en ella. Hay pocas personas que dirían que son «benignos» o «mansos», sin embargo, estas son virtudes que el Espíritu Santo se encarga de formar en nosotros a la medida que caminamos con Él. Aun aquellas virtudes que no son tan naturales en tu personalidad pueden y deberían ser formadas por el Espíritu Santo. Esto no significa que no tenemos responsabilidad alguna, sino como nos recuerda Jerry Bridges: «... nosotros cumplimos con nuestra responsabilidad bajo Su dirección y empoderamiento».[2]

Imagina por un momento un cultivo. Yo no soy agricultor, y las plantas que he sembrado por lo general se mueren, así que no hablo con mucha experiencia, pero creo que el siguiente ejemplo es válido. Cuando sembramos un árbol, tenemos responsabilidad. Tenemos que sembrar la semilla en la tierra, asegurarnos de que la tierra sea buena para el crecimiento del árbol, echarle agua al árbol y abonar la tierra. Sin embargo, nada de esto garantiza que el árbol dará fruto. Un árbol que da fruto lo hace por una obra milagrosa que Dios mismo lleva a cabo. En ese sentido, sí tenemos responsabilidad: la de cultivar en nuestro corazón las disciplinas

---

2. Jerry Bridges, *The Fruitful Life* [La vida fructífera] (The Navigators, 2006), 13. Traducción del autor.

espirituales (algo de lo que hablaremos más adelante), y el Espíritu Santo se asegura de que demos fruto.

Empodera para servir

Hay personas que, cuando piensan en el Espíritu Santo, piensan en el concepto de poder. Consideran que lo que el Espíritu Santo nos da es poder para la vida cristiana, para usar nuestros dones, para hacer guerra contra el pecado y para vivir en santidad... y todo eso es cierto (¡aunque el Espíritu es mucho más que solo poder!). Una de las áreas donde el Espíritu utiliza Su poder en nuestra vida es en el tema del servicio. Un elemento central de nuestro proceso de cambio es servir y amar a otras personas. Lo que vemos en 1 Corintios 12 y 14 es que cuando alguien recibe el Espíritu Santo, también recibe ciertos dones del Espíritu. Estos dones se parecen a habilidades que se usan para servir principalmente a la iglesia y a las personas a nuestro alrededor.

El servicio para el cual el Espíritu Santo nos dota va específicamente en función de nuestro proceso de cambio y el proceso de cambio de los que están a nuestro alrededor. Nuestros dones no son nada más para servir a las personas de manera general, sino que sirven para ayudar a las personas a parecerse más a Cristo. J. I. Packer dice lo siguiente: «Los dones espirituales deberían definirse en términos de Cristo, como poderes para expresar, celebrar, exponer, y así comunicar a Cristo de una forma u otra, ya sea en palabra o en obra».[3]

---

3. J. I. Packer, *Keep in Step with the Spirit* [Al paso con el Espíritu] (Baker Books, 2005), p. 70. Traducción del autor.

De hecho, cuando hablamos del Espíritu Santo, a menudo pensamos en los dones del Espíritu. Se han formado dos extremos de pensamiento cuando se trata de los dones que el Espíritu nos da. Algunos han sobreenfatizado los dones, y han reducido toda la obra del Espíritu Santo a eso, a darnos dones. Otros han ignorado por completo los dones del Espíritu y actúan como si el Espíritu no tuviera nada que ver con nuestra capacidad para servir y ministrar.

Es importante que reconozcas que si por tu inversión de tiempo, obras y palabras alguien ha crecido para convertirse más como Cristo, eso es únicamente porque el Espíritu Santo te ha empoderado por medio de los dones que te ha dado.

LA GUERRA INTERNA

Me gustan las películas de guerra. No necesariamente porque me gusta la violencia y el dolor que produce la guerra, sino por el recuerdo visible que me dan de la vida cristiana. A menudo pensamos que nuestro proceso de cambio se parece al crecimiento de un arbusto en un jardín precioso y pacífico. Yo mismo he utilizado muchos ejemplo agrícolas. En realidad, nuestro proceso de cambio es más parecido a una guerra. Es un proceso violento, sangriento, doloroso. Si no entendemos eso, fácilmente caeremos en una pasividad adormecida, así como los discípulos, quienes se durmieron mientras Jesús sudaba gotas de sangre.

Nota lo que dice Pablo en Gálatas 5:16-17:

Digo, pues: Andad en el Espíritu, y no satisfagáis los deseos de la carne. Porque el deseo de la carne es contra el Espíritu, y el del Espíritu es contra la carne; y éstos se oponen entre sí, para que no hagáis lo que quisiereis.

Pablo nos explica que nuestra carne y el Espíritu se oponen el uno al otro. Adentro de cada cristiano hay una guerra. Si quieres ver victoria en tu proceso de cambio, necesitas depender del Espíritu. ¿Qué podemos o debemos hacer para realmente ser guiados y dirigidos por el Espíritu Santo?

Andar en el Espíritu

Pablo nos dice en Gálatas 5:16 que para no cumplir el deseo de la carne debemos *andar por el Espíritu*. Esta terminología quizá te parezca mística, pero no lo es. Caminar en el Espíritu o ser guiado por el Espíritu significa estar bajo Su influencia y gobierno. Estar bajo la influencia del Espíritu significa que nos someteremos a los medios que Él utiliza para gobernarnos o influirnos. Estos medios se llaman los *medios de gracia*. Hablaremos de varios de estos a lo largo del libro. Mira lo que dice J. I. Packer: «El Espíritu demuestra Su poder en nosotros, no por medio de interrupciones constantes por medio de visiones, impresiones o profecías, [...] sino que Él hace efectivos los medios [de gracia] para mejorarnos y cambiarnos mientras caminamos».[4]

---

4. J. I. Packer, *Keep in Step with the Spirit* [Al paso con el Espíritu] (Baker Books, 2005), p. 90. Traducción del autor.

Andar en el Espíritu, entonces, es leer la Biblia, pasar tiempo en oración, congregarnos con la iglesia, estar con amigos cristianos quienes nos confrontan en nuestro pecado, y estar en alerta y consciente de las cosas que el Espíritu Santo nos quiere mostrar por estos medios.

Examinar nuestra vida por el Espíritu

Por último, una práctica que pocos tenemos es la de la examinación propia. Solemos ser buenos en identificar los pecados y las deficiencias de los demás, pero no ponemos tanta atención a nuestras faltas. Si verdaderamente queremos cambiar, necesitamos tener una idea clara y constante de cómo estamos.

Algo práctico es tomarte 5-10 minutos todos los días, al iniciar o terminar el día, para evaluar tu día anterior. Pudieras iniciar con una pequeña oración como la de David en Salmos 139:23-24: «Examíname, oh Dios, y conoce mi corazón; pruébame y conoce mis pensamientos; y ve si hay en mí camino de perversidad, y guíame en el camino eterno». Estamos bajo el señorío de Cristo en todo momento, y el Espíritu mora en nosotros y es nuestra ayuda. Él nos iluminará las áreas de nuestra vida que necesitan cambiar y los pecados que debemos confesar. Si te gusta escribir, usa un cuaderno y plasma allí aquellas cosas que el Espíritu Santo te va mostrando, para que puedas ver tu proceso de cambio.

CONCLUSIÓN

El proceso de cambio en el cual nos encontramos es difícil. De hecho, como mencioné, es una guerra, es algo tan complejo como tocar Mozart. No podemos intentar ser santos en nuestras propias fuerzas. No podemos recordar a quién le pertenecemos en nuestra propia fuerza. No podemos someternos a Cristo y permanecer en Él en nuestras fuerzas. Simplemente no podemos cambiar únicamente por nuestra propia fuerza. Precisamente por eso Dios nos ha dado el regalo del Espíritu Santo, quien camina con nosotros y nos ayuda en nuestro proceso de cambio. Para cambiar, dependemos por completo de Él.

CAPÍTULO 6

TUS DISCIPLINAS

Vivimos en una época indisciplinada. Creemos que solo deberíamos hacer aquellas cosas que parecen salir naturalmente de nuestro corazón. Si no lo quiero hacer, no tengo por qué hacerlo. Seguro que mentes mucho más brillantes que la mía tienen sus teorías para entender este fenómeno, pero lo que sí sé es que vivimos ahora en una época que ve la disciplina como algo malo.

No solo eso. Vivimos en tiempos de gratificación instantánea. Si quiero oír música, está a un clic. Si quiero ver una película, otro clic. Si quiero comprar algo, uso la tarjeta de crédito. Si quiero aprender algo, lo busco en Wikipedia. Por lo tanto, aquellas cosas que nos cuestan tiempo y esfuerzo las vemos como antinaturales. Hemos llegado casi al punto de creer que lo natural es que las cosas sean fáciles, y lo antinatural es que sean difíciles.

Sin embargo, hay muchos ejemplos de todo lo contrario. Habla con un atleta que se ha entrenado con ferocidad por años para poder llegar al pináculo de su carrera. Habla con un músico que ha dedicado horas incansables a practicar con el fin de tener la agilidad de tocar cualquier canción. O piensa en los doctores y enfermeras, quienes saben que tendrán vidas en sus manos, y por lo tanto se esfuerzan y se desvelan con el fin de estudiar y entender el cuerpo humano. En fin, pudiéramos hablar de casi todos los estudios. La realidad es que el que quiere avanzar en su carrera, el que quiere lograr los objetivos que otros no han logrado, tiene que disciplinarse por largo tiempo.

Pero, por alguna razón, cuando pensamos en la vida cristiana, esperamos contagiarnos con madurez espiritual al sentarnos en la reunión de la iglesia. Aunque Dios es el que nos da el poder para cambiar, esto no quiere decir que no tengamos que esforzarnos. Al contrario, cambiar implica que habrá esfuerzo nuestro, que habrá disciplina de nuestra parte. De hecho, el mensaje de Pablo para Timoteo en 1 Timoteo 4:7 es claro: «… disciplínate a ti mismo para la piedad» (LBLA).

LA DISCIPLINA NO ES MALA

Este versículo en Timoteo nos recuerda que la Biblia no está en contra de nuestro esfuerzo. La Biblia, efectivamente, nos aclara que ese esfuerzo no nos gana el amor de Dios ni nuestra salvación. Sabemos que la Biblia está en contra de la idea de que mis buenas obras pueden ganarme el favor de Dios. La disciplina en la vida cristiana nos coloca delante de Dios para que Él obre, pero eso no nos gana Su favor.

No hay persona que haya crecido en madurez espiritual sin disciplina. El crecimiento en madurez espiritual no es un proceso al azar. No es como que un día te acuestas siendo un gran pagano, y al otro día te levantas y «por arte de magia» eres un santo. El crecimiento del cristiano es una transformación progresiva que incluye varios elementos, y uno de esos elementos son las disciplinas espirituales.

Donald Whitney, quien es autor de varios libros sobre las disciplinas espirituales, dice lo siguiente:

> *En realidad, Dios usa tres catalizadores principales para cambiarnos y adaptarnos a la semejanza a Cristo, pero solo uno de ellos está, en gran parte, bajo nuestro control.*[1]

Whitney, a lo largo del libro, explica que los tres catalizadores que Dios usa en nuestro proceso de cambio son:

1) *Personas.* Dios pone a gente en nuestra vida que nos ayuda a crecer en santidad.

2) *Circunstancias.* Dios usa las circunstancias de nuestra vida, como nuestro sufrimiento y dolor, para realizar en nuestro corazón aquello que Él ve necesario.

3) *Las disciplinas espirituales.*

Pablo le instruye a Timoteo que se discipline. Pero le dice específicamente que se discipline *para la piedad.* En inglés, la

---

1. Donald Whitney, *Disciplinas espirituales para la vida cristiana* (NavPress, 2016), p. 11.

palabra «piedad» es *godliness,* que se pudiera traducir (aunque suene extraño en español) como «diosidad». Piedad quiere decir comunión con Dios y devoción a Dios. Es ser más como Dios es.

En pocas palabras, Pablo está diciendo: «Disciplínate para tener mayor comunión con Dios. Disciplinate para profundizar tu caminar con Dios. Disciplínate para profundizar tu devoción a Dios».

En ese sentido, el fin no es la disciplina, el fin es Dios. El fin no es ser mejor que los demás, como en muchos de los otros ámbitos que mencioné al principio. Más bien, el fin es Dios. Aunque no se llega a la madurez espiritual sin la disciplina, la disciplina que no tiene a Dios como objeto y tesoro tampoco llevará a la madurez espiritual. Puede ser que seas muy disciplinado, pero si tu meta es tu propio conocimiento, o poder lucir lo inteligente que eres, o demostrar lo disciplinado que eres... *si tu meta no es Dios, aumentarás tu conocimiento sin crecer en piedad.*

¿QUÉ SON LAS DISCIPLINAS ESPIRITUALES?

Las disciplinas espirituales son los medios de gracia usados por el Espíritu por medio de los cuales experimentamos a Dios, amamos a Dios y somos conformados a Cristo. Analizemos lo siguiente.

Medios de gracia

La disciplina no está en contra de la gracia de Dios. A veces pensamos que si soy disciplinado, eso significa que la gracia de Dios no me está transformando, sino que es el poder de mi voluntad. Pero es precisamente aquí donde necesitamos este balance. La Palabra de Dios nunca nos dice: «O te disciplinas, o dependes de la gracia». No pone la disciplina en guerra con la gracia.

Al contrario, en toda la Biblia vemos una integración de estos dos conceptos. Las disciplinas en ese sentido son aquellas prácticas diseñadas por Dios por medio de las cuales Dios nos da de Su gracia que nos ayuda a cambiar. Fíjate bien lo que dice Tito 2:11-12:

Porque la gracia de Dios se ha manifestado para salvación a todos los hombres, enseñándonos que, renunciando a la impiedad y a los deseos mundanos, vivamos en este siglo sobria, justa y piadosamente.

La gracia de Dios no solo nos salva del infierno para llevarnos al cielo, sino que también nos cambia por medio de la gracia. Es la gracia de Dios la que nos instruye, nos enseña a negar la impiedad y los deseos mundanos, y es la gracia de Dios que nos enseña a vivir una vida sobria, justa y *piadosa*.

Entonces tenemos un balance. Pablo dice, por un lado, disciplínate para la piedad, pero también dice que es la gracia de Dios la que nos enseña a vivir piadosamente. El punto es que la disciplina es necesaria, pero no es nuestra propia disciplina la que nos conforma más a la imagen de Cristo. Sino que a la medida que ponemos en práctica las disciplinas espirituales, la gracia de Dios nos va cambiando sobrenaturalmente.

Y a lo que me refiero al decir que son *medios de gracia* no es que con hacerlos le vamos a exprimir la gracia de Dios, sino que al practicar las disciplinas espirituales nos estamos colocando abajo y adentro de la gracia de Dios, para que ella obre en nuestra vida y nos cambie. Practicar las disciplinas es colocarnos abajo de la catarata de la gracia de Dios. Es en las disciplinas espirituales donde Dios derrama Su gracia para que puedas crecer a imagen y semejanza de Cristo. Analizemos ahora la segunda parte de la definición de las disciplinas espirituales.

Usados por el Espíritu

Al decir que esto sucede sobrenaturalmente no quiero decir que sea algo «místico», que no tiene explicación. Pero sí tiene una explicación. Las disciplinas son medios de gracia *usados por el Espíritu*. Esta gracia no es infundida por arte de magia, sino que es aplicada por el Espíritu Santo.

Al confesar nuestra fe en el evangelio, el Espíritu Santo viene y mora en nosotros. Si tú has confesado fe en Cristo, cuando practicas las disciplinas espirituales no las estás practicando solo. El Espíritu Santo está en ti, y Él está derramando en ti la capacidad de poder cambiar. Recuerda que una de las tareas del Espíritu Santo es obrar en nosotros para señalar nuestro pecado y mostrarnos la grandeza de Cristo.

Él nos da la motivación para vivir en santidad, y aplica la gracia de Dios en nuestra vida para que nos conformemos más a Cristo.

Cuando oramos, el Espíritu Santo se encuentra allí con nosotros, y hace que nuestras oraciones sean eficaces, incluso ora por nosotros cuando no tenemos palabras (Rom. 8:26). El Espíritu Santo está allí con nosotros, y nos ayuda a aplicar a nuestra vida lo que leemos.

Cristianismo experiencial

Muchos ven a Dios como algo lejos de su realidad. Decir que las disciplinas espirituales es un «cristianismo experiencial» significa que podemos degustar lo que oímos. Déjame explicártelo. Es como decir que todos los domingos hablamos de la comunión con Dios como si fuera un gran banquete exquisito, lleno de todo tipo de delicia. ¡Y podemos probarlo!

Uno de los elementos que más me gusta de la época de Navidad es la comida. Ese pavo enorme que ha pasado horas cociéndose en el horno lenta y jugosamente. El puré de papa que es más mantequilla que papa, acompañado de un montón de otras entradas. Y por si eso no fuera poco, postres que te dejan sin poder moverte. Pero una cosa es describirlo. Otra totalmente diferente probarlo de manera experiencial.

Muchas veces escuchamos lo que otras personas dicen sobre Dios y esperamos que eso nos sacie el hambre por una semana entera. Pero no puedes madurar de manera espiritual únicamente a través de la experiencia que otro tiene de

Dios. Tu espiritualidad y tu caminar con Dios no es por transferencia.

Las disciplinas espirituales son la manera y la forma de poder *experimentar* todas las delicias explicadas en la Palabra. Las disciplinas espirituales son las bendiciones que Dios nos ha dado para poder vivir en intimidad con Él y profundizar en nuestro conocimiento de Él.

¿CUÁLES SON LAS DISCIPLINAS ESPIRITUALES?

Hay varias disciplinas espirituales, pero solo voy a mencionar las tres que me parecen que son las principales.

La meditación y la lectura de la Palabra

No podremos crecer en piedad, en devoción y comunión con Dios sin la Palabra de Dios. Es en Su Palabra que lo llegamos a conocer y experimentar. En Salmos 1:2, al hablar de la persona piadosa, dice: «Sino que en la ley de Jehová está su delicia, y en su ley medita de día y de noche».

Hay quienes ven la Biblia como un libro viejo que no tiene nada que ver con ellos. La abren y no saben qué están leyendo. La realidad es que carecemos de conocimiento bíblico. ¡Esta es la revelación de Dios! Al minar sus tesoros vendrás a conocer a Dios, vendrás a amar a Dios. Es en Su Palabra que verás la belleza de Cristo, verás la ternura del Espíritu y verás la gloria de Dios. Es en Su Palabra que verás lo pequeño que eres y lo enorme y misericordioso que es Dios.

Por medio del Espíritu Santo, Dios ha inspirado estas Escrituras. Leer la Biblia no es como leer cualquier otro libro. Sucede algo sobrenatural, aunque no lo veas.

¿Recuerdas Hebreos 4:12? Mira lo que dice:

Porque la palabra de Dios es viva y eficaz, y más cortante que toda espada de dos filos; y penetra hasta partir el alma y el espíritu, las coyunturas y los tuétanos, y discierne los pensamientos y las intenciones del corazón.

Ya que el Espíritu ha inspirado la Escritura, no solo la leemos, sino que ella nos lee a nosotros. Mientras leemos la Biblia, día tras día, ella obra profundamente en nuestro ser. A veces ni siquiera nos damos cuenta de ello. Y no solo eso; recuerda, el mismo Espíritu que inspiró la Escritura mora en nosotros. El Espíritu Santo nos ayuda a entenderla. Eso declara Jesús en Juan 16:13:

Pero cuando venga el Espíritu de verdad, él os guiará a toda la verdad; porque no hablará por su propia cuenta, sino que hablará todo lo que oyere, y os hará saber las cosas que habrán de venir.

Jesús le llama «el Espíritu de verdad». Cuando lees la Biblia que fue inspirada por el Espíritu, tienes al mismo Espíritu que ilumina tu mente y corazón. Él te ayuda a ver tu pecado, y hace una operación en tu corazón al deshacerse de lo mundano y crear de nuevo tu corazón con *Su* fruto en ti. Es por eso que la meditación bíblica es un medio de gracia.

La oración

Leonard Ravenhill dice: «Ningún hombre puede llegar a ser mejor que su vida de oración».[2] Para decirlo de otra manera, la vida de oración es un buen diagnóstico de nuestro caminar con el Señor. En la oración demostramos lo extremadamente débil que somos y cuánto dependemos de Él.

Para muchos de nosotros, la falta de oración es una muestra clara de nuestro orgullo. Creemos que tenemos todo lo necesario para enfrentar nuestra vida en nuestras fuerzas. No acudimos al Señor, no dependemos del Señor, no lo buscamos. Solo nos levantamos y le damos al día nuestro mejor esfuerzo.

Pero ¿qué dice Juan?

Y esta es la confianza que tenemos en él, que si pedimos alguna cosa conforme a su voluntad, él nos oye. Y si sabemos que él nos oye en cualquiera cosa que pidamos, sabemos que tenemos las peticiones que le hayamos hecho. (1 Jn. 5:14-15)

Ya puedo escuchar a algunos de ustedes diciéndome: «Pero... no se refiere a "cualquier cosa", ¿verdad? Allí dice: "conforme a Su voluntad"». Y sí, el punto no es si quieres un nuevo carro, pídeselo a Dios y lo vas a tener. Más bien, este versículo nos habla de la herramienta que Dios nos ha dado. ¿Quieres crecer en sabiduría? Pídeselo a Dios. ¿Quieres dejar de lidiar con cierto pecado? Pídeselo.

---

2. Leonard Ravenhill, *Why Revival Tarries* [Por qué el avivamiento no llega] (Bethany House Publishers, 2007), p. 25. Traducción del autor.

Por supuesto, la oración va más allá de pedirle a Dios algo. La oración es el canal que nos permite tener intimidad con Dios. El pastor y escritor Eugene Peterson compara la oración a una cena. Él dice: «Imagina que tendrás una cena para alguien importante. Puede ser un ser querido, tu cónyuge, un buen amigo o amiga, tal vez un mentor. Vas por la persona con quien cenarás. En el carro van platicando. Llegas al restaurante y todo está arreglado para que haya privacidad. Hablan, y se escuchan. Tal vez pasan un momento de silencio, pero no sin sentido, no incómodo. Aun el silencio se aprecia entre gente que se ama. Claro que otras cosas están sucediendo a su alrededor, y hay otras personas cerca, pero tu atención está en tu compañero de cena. El mesero llega e interactuas con él, toma la orden, le pides que llene tu bebida, disfrutas el plato, le das propina y luego te vas acompañado por esta persona especial con quien has pasado el tiempo».

Peterson dice que esta es una imagen, un ejemplo, de la oración. Claro, hay otras cosas sucediendo en nuestra vida, sin embargo, la oración «nace de la convicción de que el Dios vivo es inmensamente importante, y que lo que sucede entre nosotros merece nuestra atención exclusiva».[3]

Y luego, Peterson concluye que, lastimosamente, para muchos de nosotros no luce así nuestra oración. Muchos

---

3. Eugene H. Peterson, *Run with the Horses: The Quest for Life at Its Best* [Correr con los caballos: La búsqueda de la mejor vida] (InterVarsity Press, 2019), p. 97. Traducción del autor.

en realidad vivimos una parodia de la oración, algo similar, pero con una gran diferencia. Para la mayoría de nosotros, la persona con quien estamos cenando es nuestro propio ego, y el mesero es Dios. Solo le consultamos cuando necesitamos algo. La persona a quien le ponemos atención es a nosotros, y no a Dios.

Dios nos ha dado la oración como un medio de gracia por medio del cual lo podemos conocer, y por medio del cual le podemos suplicar, pedir. Pero aun más: por medio del cual podemos experimentar intimidad.

El ayuno

Inicialmente yo veía el ayuno como una protesta espiritual. «No vamos a comer hasta que Dios nos de lo que queremos». Eso no es el ayuno. El ayuno no es una herramienta para poder «sacar de Dios» lo que quieres de Él. Jesús enseñó al respecto en Mateo 9:14-15:

> *Entonces vinieron a él los discípulos de Juan, diciendo: ¿Por qué nosotros y los fariseos ayunamos muchas veces, y tus discípulos no ayunan? Jesús les dijo: ¿Acaso pueden los que están de bodas tener luto entre tanto que el esposo está con ellos? Pero vendrán días cuando el esposo les será quitado, y entonces ayunarán.*

El punto del ayuno es recordarte que anhelas y necesitas a Dios más que cualquier otra cosa. El ayuno es una muestra tangible de cuánto anhelas estar con Cristo.

En general, el ayuno es apartarte de la comida por un tiempo para enfocarte en conocer más profundamente a Dios. Es físicamente recordarle a tu cuerpo que necesitas a Dios aun más de lo que necesitas comida.

La razón por la que el ayuno es un medio de gracia es porque viene acompañado por la lectura bíblica y la oración. Durante el ayuno nos alimentamos de la Palabra de Dios y nos alimentamos de la oración. Mostramos que tenemos más hambre y sed por la justicia que por la comida. John Piper dice:

> *Si no sentimos deseos profundos por la manifestación de la gloria de Dios, no es porque hemos bebido profundamente y estamos satisfechos. Es porque por tanto tiempo hemos picado en la mesa del mundo. Nuestra alma está llena de cosas pequeñas y no hay espacio para lo verdaderamente grande.*[4]

Cuando ayunamos, no se trata de cumplir con alguna regla. Por ejemplo, quizás, para comenzar a ayunar, comiences con abstenerte de una comida, el almuerzo, por ejemplo. En vez de comer, puedes leer tu Biblia y orar. Cuando luego sientas hambre, esa hambre te recordará cuánto necesitas a Dios. Aprovecha y pídele que te de más de Él. Puedes ayunar incluso de otras cosas que no sean comida. Puedes ayunar de la tecnología, de las redes sociales, y usar ese tiempo para buscar a Dios. Donald Whitney nos ayuda a balancearlo todo

---

4. John Piper, *A Hunger for God* [Hambre de Dios] (Crossway, 2013), pp. 25-26. Traducción del autor.

al comentar al respecto: «Entonces, aunque sea apropiado hablar del ayuno de cualquier libertad legítima, técnicamente, la Biblia usa el término solo en su sentido primario; es decir, la abstinencia de alimentos».[5]

CONCLUSIÓN

Antes de terminar, quiero recordarte algo sumamente importante. Pablo nos dice en Romanos 6:13:

> *... sino presentaos vosotros mismos a Dios como vivos de entre los muertos, y vuestros miembros a Dios como instrumentos de justicia.*

La buena noticia del evangelio no es que has sido salvado del infierno nada más. Más bien, Dios también ha dado las maneras en las que puedes cambiar más y más a Su imagen.

Muchos de nosotros hemos querido cambiar, hemos querido conocer más a Dios, y hemos querido dejar atrás nuestro pecado para vivir en victoria con Dios. Pero para poder hacerlo, para seguir cambiando y ser conformados más a Cristo, debemos presentarnos a Dios. Las disciplinas espirituales son precisamente eso. Llevar a cabo las disciplinas es colocarnos bajo la gracia de Dios para que el Espíritu opere en nosotros sobrenaturalmente, para que podamos experimentarlo a Él.

---

5. Donald Whitney, *Disciplinas espirituales para la vida cristiana* (The Navigators, 2016), p. 211.

Algunos podrían pensar que tener una vida que lleva a cabo las disciplinas espirituales es muestra de alguien fuerte. Pero realmente es todo lo contrario. Una vida que lleva a cabo las disciplinas espirituales es muestra de alguien que entiende lo débil que es, y que desesperadamente necesita que el Espíritu obre. A medida que practicamos las disciplinas nos daremos cuenta de lo débil que somos, de cuánto dependemos de Él y de la realidad de que es Dios quien producirá Su cambio en nosotros.

Sección 3

EL HOMBRE EXTERIOR

«Las buenas obras no hacen que un hombre sea bueno,
pero el hombre bueno hace buenas obras».

Martín Lutero

CAPÍTULO 7

TUS RELACIONES

En su libro, *Lost Connections* [Conexiones perdidas], Johann Hari trata el asunto de la depresión. Escribió el libro porque por quince años había lidiado con asuntos de depresión y ansiedad. Siempre le habían dado medicamento sin indagar más allá de ello. Pero él quería pensar más allá del medicamento, averiguar si había otras causas o conexiones que le habían llevado a una depresión crónica. Una de las que habla es la conexión perdida de las relaciones personales. Al analizar las ciencias sociales, Hari argumenta que en las últimas décadas los seres humanos hemos hecho un experimento que ha fallado. El experimento ha sido intentar sobrevivir y florecer solos.

De 1985 a 1995, escribe Hari, el involucramiento en entidades y clubs sociales en los Estados Unidos se ha reducido un 45 %. Otro estudio realizado durante años le preguntó a varios sujetos cuántas personas de mucha confianza tenían en su vida. Cuando comenzaron el estudio hace décadas, la respuesta más común era tres. En el 2004, la respuesta más común era cero.[1]

Lo que se ha visto en las últimas décadas, en particular en las ciencias sociales, es un despertar a la enorme necesidad que los seres humanos tenemos de comunidad. La ciencia ha confirmado lo que la Biblia sabía desde el principio. ¿Recuerdas la narrativa de la creación? ¿Cuál fue la primera cosa que Dios dijo que no era buena? Que el hombre estuviera solo. Dios ha diseñado al ser humano de tal forma para que no solo sea bueno que esté en una relación, sino que es necesario.

Las amistades con otras personas son necesarias en sí mismas y tienen valor intrínseco. No deberíamos buscar amistades únicamente por lo que nos aportan. Sin embargo, no podemos ignorar el papel central que juegan las personas en nuestro proceso de cambio.

RELACIONES USADAS POR DIOS

Una broma que decimos en nuestra iglesia es: «Sería mucho más fácil ser santo si no fuera por todas las otras personas en el mundo». ¿Lo has pensado? ¿Has considerado cuánto te afectan las personas en tu proceso de cambio? No me refiero a cuando te afectan para bien, me refiero a si has reflexionado sobre cómo la existencia de otras personas en tu diario vivir te

---

1. Johann Hari, *Lost Connections* [Conexiones perdidas] (Bloomsbury Publishing, 2018), p. 79.

afecta. Si no fuera por las personas a tu alrededor, no habría tráfico, no habría violencia, no habría conflictos, o por lo menos eso pensamos.

No cabe duda que todos nos vemos afectados por las personas en nuestro diario vivir, y sucede en todo el espectro de cercanía. Las personas que no conozco impactan mi diario vivir, y a veces influyen sobre cómo es que yo vivo mi vida. Seguro que también las personas que conozco íntimamente influyen mucho en mi vida. Pero, lo quiera o no, la mera existencia de otras personas diferentes a mí —con diferentes intereses, prioridades y gustos— impacta la forma en la que me desenvuelvo en el mundo.

Cuando pensamos en que vivimos en un mundo lleno de personas, y su mera existencia como tal influye en nuestro proceso de cambio, tenemos dos posibles formas de responder a este dilema, una errada y una correcta a la luz de la Biblia.

La *forma errada* sería intentar ejercer todo el control y poder posible sobre las personas a nuestro alrededor para gobernar por completo nuestro entorno, y remover de nuestra vida aquellos que no se someten, así creamos el ámbito ideal para nuestro proceso de cambio. En realidad, esta opción es imposible, aunque muchos así lo intentamos. Si todos intentáramos ejercer control y poder completo sobre las personas en nuestra vida, terminaríamos en guerra.

La *forma correcta* sería aceptar nuestras diferentes interacciones personales a lo largo del día como algo controlado y gobernado por un Dios soberano, que está produciendo en nuestra vida exactamente lo que necesitamos y a quién necesitamos. Esta es una forma radical de ver nuestras relaciones. Significa que de entrada estamos dando por sentado que no hay ninguna relación o interacción que sea coincidencia.

No hay ni una sola persona que entra a tu vida por coincidencia. Cada detalle de tu vida, cada interacción, cada conversación, cada momento incómodo, cada conflicto está meticulosamente gobernado por un Dios que te ama y sabe precisamente lo que necesitas.

¿QUÉ QUIERE LOGRAR DIOS EN TUS RELACIONES?

Me gustaría contemplar más a fondo esta segunda opción. ¿Qué quiere lograr Dios en nuestra vida con las personas que Él ha colocado allí? Piensa en las personas en tu vida. ¿Tienen algún mal hábito que te molesta? Tal vez una de ellas siempre te está corrigiendo, o te interrumpe cuando hablas. Quizás haya alguien demasiado pasivo, que no te dice las cosas de frente. O quizás alguien demasiado agresivo, que siempre te quiere confrontar con algo. Tal vez te han maltratado, han chismeado de ti, te han ignorado. Sea cual sea la situación, ¿has considerado por qué Dios ha permitido que esas personas estén en tu vida? ¿Será que tal vez Dios sabe que necesitas esas situaciones para trabajar algo profundo en tu corazón?

Todas tus interacciones con personas no son al azar ni son coincidencia, sino que son oportunidades orquestadas por Dios para exponer lo que hay en tu corazón. Donde sea que vamos nos encontramos con otras personas que exponen nuestros ídolos. Queremos que se nos sometan como si fuéramos Dios, pero no lo hacen. Por lo tanto, estos momentos y personas son un regalo de Dios en nuestro proceso de cambio.

Al ver nuestras relaciones de esta manera estaremos viviendo a la luz del señorío de Cristo y la soberanía de Dios. Si decimos que Dios es el creador soberano de todo, el que gobierna todas las cosas, entonces significa que cada experiencia que tenemos no es debido al azar, sino que viene de la mano de un buen Dios. Cada experiencia que tenemos con alguien, cada conversación, cada conflicto, cada mala mirada, cada chisme que se habla de nosotros, cada crítica, cada palabra grosera, cada confrontación... absolutamente todas nuestras experiencias con otras personas son gobernadas por el Dios soberano.

Y en ese sentido, podemos ver claramente cómo aquí se aplica el versículo famoso de Romanos 8:28-29. Pablo nos recuerda: «... a los que aman a Dios, todas las cosas les ayudan a bien, esto es, a los que conforme a su propósito son llamados. Porque a los que antes conoció, también los predestinó para que fuesen hechos conformes a la imagen de su Hijo...». Todas las cosas en nuestra vida cooperan para bien. El desafío de este versículo es determinar: ¿qué significa *bien*? O mejor dicho, ¿quién determina su significado? ¿Cuál es el *bien* hacia el cual todas las cosas cooperan? La respuesta la encontramos en el versículo 29: ser hechos conformes a la imagen de Su Hijo.

Todas las cosas que Dios hace en tu vida tienen como fin que seas conformado a la imagen de Su Hijo. Esto significa que todas las relaciones y amistades que tienes y has tenido, en las manos de Dios tienen el propósito de estimular tu proceso de cambio. Todas las personas tercas y necias quienes han entrado a tu vida aun cuando no querías, Dios las ha permitido para que seas conformado a la imagen de Cristo. Tal vez Dios los ha usado para demostrarte que no eres compasivo como Cristo, o que no amas y sirves como Cristo. Tal vez los ha usado para demostrarte que amas demasiado el control y no confías en Jesús, o quizás los ha usado para demostrarte que eres demasiado egocéntrico y no quieres sacrificarte por ellos como lo hizo Cristo.

CRISTO, EL AMIGO PERFECTO

De hecho, Cristo es el modelo a lo largo de la Escritura de cómo es que deberíamos vivir en relación con otros. Somos llamados a amar y servir como Cristo nos ha amado. El pasaje más fuerte sobre este asunto se encuentra en la carta a los Filipenses. Pablo escribe dos de los versículos más complejos en toda la Escritura en Filipenses 2:3-4:

Nada hagáis por contienda o por vanagloria; antes bien con humildad, estimando cada uno a los demás como superiores a él mismo; no mirando cada uno por lo suyo propio, sino cada cual también por lo de los otros.

Pablo nos llama a quitar por completo nuestros ojos de nosotros mismos. Cuando vemos nuestras relaciones a la luz del evangelio, nuestra actitud no debe ser que las personas son un impedimento al propósito de mi vida, sino que han sido colocadas en mi camino para cumplir el propósito de Dios en mi vida. Nuestro llamado a la hora de encontrarnos con otras personas no es hacer que ellos doblen sus rodillas y cumplan nuestros deseos. Al contrario, nuestro llamado es a buscar sus intereses, tratarlos como superiores y servir y sacrificarnos por su bienestar.

Y Pablo nos da la razón de esto en el versículo 5: «Haya, pues, en vosotros este sentir que hubo también en Cristo Jesús...». Pablo entonces explica que Cristo se humilló, sirvió y murió (vv. 6-11). Esa actitud, ese paso de humillarnos, servir y morir es lo que el evangelio nos llama a hacer en nuestras relaciones.

A menudo las relaciones nos cuestan no porque la gente con la que vivimos es compleja. Más bien nos cuestan porque no queremos morir a nosotros mismos. Porque todavía somos muy poco como Cristo. Las relaciones son un regalo de parte de Dios que nos demuestran las áreas donde todavía no hemos muerto al viejo hombre, donde todavía no hemos sido conformados a la imagen de Cristo.

INTENCIONALIDAD RELACIONAL

Cuando hablamos del tema de las relaciones en nuestro proceso de cambio, también tenemos que contemplar cómo es que deberíamos relacionarnos con otros de manera intencional, especialmente con otros seguidores de Jesús. Cuando dos cristianos se reúnen, tienes allí a dos personas que se encuentran en el mismo proceso de cambio. Entonces, ¿cómo debería lucir la relación entre cristianos?

En particular, a lo largo de la Escritura vemos la importancia de ser intencionales en nuestras relaciones. Las epístolas nos llaman a amonestarnos, animarnos, exhortarnos, perdonarnos, soportarnos. Busca la frase «unos a los otros» en la Biblia y podrás comenzar a ver las enormes implicaciones que tienen esos pasajes sobre nuestras vidas (algunos ejemplos: Rom. 13:8; 2 Cor. 13:12; Col. 3:13; 1 Tes. 4:9; Heb. 10:24; 1 Jn. 3:11; etc.). En pocas palabras, la Biblia da por sentado que seremos intencionales con otros cristianos en apoyarnos en nuestro proceso de cambio.

En Romanos 15 Pablo nos da dos claves de este tipo de vida. Él nos explica cómo nos deberíamos *apoyar* y *amonestar*. Romanos 15:1-2 dice:

> *Así que, los que somos fuertes debemos soportar las flaquezas de los débiles, y no agradarnos a nosotros mismos. Cada uno de nosotros agrade a su prójimo en lo que es bueno, para edificación.*

El contexto principal de este pasaje tiene que ver con aquellos que veían la carne sacrificada a los ídolos como pecado, y por lo tanto su debilidad no les permitía comer esa carne. Pero este pasaje también tiene implicaciones más allá del debate de la carne y los ídolos.

La verdad de la vida cristiana es que muchos de nosotros nos encontramos en diferentes puntos de madurez. Algunos han caminado con el Señor por mucho tiempo, otros llevan poco tiempo en su caminar en el evangelio. Algunos han visto mucha victoria en su caminar, otros van un poco más lento. Algunos han cambiado mucho, otros tal vez han ido un poco más lento en el proceso de cambio.

Esto no es un problema. Es parte del diseño de Dios. Las iglesias siempre están llenas de personas en diferentes puntos de desarrollo. Y eso es precioso. Pablo nos recuerda que la tarea de los cristianos ya maduros no es agradarse a sí mismos, sino buscar cómo apoyar a su prójimo débil.

En la famosa saga de *El señor de los anillos*, J. R. R. Tolkien nos presenta a un grupo de personajes muy especiales: los hobbits. Una de las características principales de los hobbits es que son bajos en altura. No tienen la misma resistencia que los otros personajes. En muchas situaciones, los hobbits son los débiles, y requieren que otros los carguen, los defiendan y los ayuden. Y sin embargo, ¡son estas criaturas débiles quienes resultan ser los héroes! En «la comunidad del anillo» había un entendimiento básico: los fuertes ayudan a los débiles, cueste lo que les cueste. En la comunidad no se vela por uno mismo, sino que se vela por los demás.

Esto es lo que Pablo nos exhorta a hacer. Y realmente es precioso, porque hay un doble beneficio. Para los fuertes, quienes apoyan y ayudan a los débiles, el beneficio es parecerse más a Cristo. Cristo, siendo el fuerte, se humilló y nos ayudó a nosotros, los débiles. Y los débiles, obviamente, también cambian y son transformados al ser apoyados por los fuertes.

El punto de la vida cristiana en cuanto a las relaciones se resume en lo que Pablo dice al fin del versículo 1: «... no agradarnos a nosotros mismos», sino que «cada uno de nosotros agrade a su prójimo en lo que es bueno, para edificación [¡del prójimo!]».

En las relaciones cristianas, tu preocupación debe ser más el crecimiento de los demás que el tuyo. Nuestra tarea es servir a los demás, obrar en la vida de otros. Pablo escribe, especialmente a los fuertes, a los maduros: quita tus ojos de ti mismo y piensa en otros (considera también Fil. 2:3).

Uno de los versículos que tengo presente como pastor es lo que dice Pablo en 1 Tesalonicenses 5:14: «También os rogamos, hermanos, que amonestéis a los ociosos, que alentéis a los de poco ánimo, *que sostengáis a los débiles*, que seáis pacientes para con todos» (énfasis agregado).

El punto es que la vida cristiana no consiste principalmente en tu crecimiento, sino que consiste en tu servicio y preocupación por el crecimiento de los demás. E irónicamente, eso es crecer en semejanza Cristo. Ese es precisamente el argumento de Pablo cuando dice en Romanos 5:3 que «ni aun Cristo se agradó a sí mismo...».

El éxito en nuestro proceso de cambio no se demuestra únicamente en si pecamos menos, sino que también se ve en cuánto nos preocupamos por las necesidades de otros. Si estás cambiando, aumentará tu preocupación por tu prójimo. Si reduces tu proceso de cambio únicamente a tu propia moralidad individual, no vas a cambiar. Por el contrario, tu ayuda y apoyo a otros te hará crecer de maneras en las que jamás podrías solo.

Puede ser que te consideres maduro en la fe, pero no le has puesto atención a los débiles, no quieres vivir en comunidad, no quieres buscar o tener a otros hermanos en tu vida. Si esa es tu situación, te puedo decir esto con mucho amor pastoral: o te vas a estancar en tu proceso de cambio, o es más que probable que no has cambiado tanto como piensas.

¿QUIÉNES SON LOS DÉBILES?

Por otra parte, cuando entendemos el mensaje del evangelio, nos damos cuenta que aun los fuertes son débiles. Pablo dijo que era el primero de los pecadores (1 Tim. 1:15). Todos nosotros, en ciertos momentos, somos los débiles. Por supuesto, todos queremos ser los fuertes. Pero incluso los fuertes tienen momentos de debilidad. Aun los fuertes siguen teniendo la misma inclinación al pecado. Y la trampa en la que caemos es que nos hemos enfocado tanto en ser los fuertes que no podríamos tolerar el admitir que a veces somos los débiles. Algunos no podríamos tolerar recibir ayuda de otros.

De hecho, parte de la razón por la que muchos no cambian es precisamente porque no pueden ni quieren admitir lo débiles que son. Pablo dice lo siguiente en Gálatas 6:1:

Hermanos, si alguno fuere sorprendido en alguna falta, vosotros que sois espirituales, restauradle con espíritu de mansedumbre, considerándote a ti mismo, no sea que tú también seas tentado.

El pastor y teólogo Dietrich Bonhoeffer escribió:

La comunidad piadosa, en efecto, no permite a nadie ser pecador. Por esta razón cada uno se ve obligado a ocultar su pecado a sí mismo y a la comunidad. No nos está permitido ser pecadores, y muchos cristianos se horrorizarían si de pronto descubriesen entre ellos un auténtico pecador. Por eso optamos por quedarnos solos con nuestro pecado, a costa de vivir en mentira e hipocresía; porque, aunque nos cueste reconocerlo, somos efectivamente pecadores.[2]

Lastimosamente, vivimos en una cultura evangélica que quiere juzgar y señalar al débil, y no tanto apoyarlo, mucho menos admitir que son los débiles. La iglesia termina siendo una reunión de pecadores que fingen que no son *tan* pecadores para que los demás pecadores no se enteren que pecan.

Entonces nunca cambiamos, y seguimos luchando con el mismo pecado, y terminamos fingiendo y aparentando que somos buenos cristianos porque eso es menos vergonzoso que admitir que somos los débiles. ¡Qué tragedia! Si hay un lugar donde debería de ser permitido ser débil, debería de ser en la

2. Dietrich Bonhoeffer, *Vida en comunidad* (Ediciones Sígueme, 2005), p. 105.

iglesia. Y Pablo nos llama a apoyar al débil para que seamos como Cristo.

Dijimos que, en Romanos 15, Pablo nos explica cómo nos deberíamos de *apoyar y amonestar*. Regresemos a ese pasaje. Leamos el versículo 14:

> *Pero estoy seguro de vosotros, hermanos míos, de que vosotros mismos estáis llenos de bondad, llenos de todo conocimiento, de tal manera que podéis amonestaros los unos a los otros.*

Pablo no solo les ha dicho que apoyen al débil, sino que también quiere que activamente estén involucrados en el crecimiento de los demás. Según Pablo, no es correcto ser un miembro pasivo en el cuerpo de Cristo. Pablo nos llama a ser activos en nuestra preocupación por el crecimiento de otros. Cuando notas un patrón de pecado e inmadurez en alguien más, ¿qué haces?

El cristiano maduro se acerca en mucho amor y busca la manera de *amonestar*, o exhortar, a la persona, para que retome su proceso de cambio. El cristiano inmaduro, por vergüenza a cómo su hermano podría responder, no le dice nada. Cree que mantenerse callado es una manera de amar, pero en realidad es odiarlos pasivamente.

El consejero bíblico Paul Tripp expresa: «No hay terreno neutral entre el amor y el odio. Nuestra respuesta a los pecados de los demás está motivada o bien por el segundo gran mandamiento del amor, o por algún tipo de odio».[3]

---

3. Paul Tripp, *Instrumentos en las manos del Redentor*, versión Kindle (Faro de Gracia, 2013), pos. 9153.

El autor de Hebreos nos llama a exhortarnos todos los días (Heb. 3:13). El punto al que está llegando el autor de Hebreos es este: el pecado es tan engañoso, que si no nos animamos constantemente, el pecado nos puede endurecer a la verdad del evangelio. Con los hermanos, con quienes vivimos la vida cristiana, deberíamos tenernos suficiente amor como para poder hablarnos la verdad.

A nuestra carne no le parece amoroso confrontar a alguien más. Tenemos que entender que cuando no nos amonestamos, estamos permitiendo que las personas sigan un camino que les va a causar mucho dolor. Lo más amoroso no es guardar silencio, lo más amoroso es abrir la boca y en gracia y en amor amonestarnos.

¿Duele a veces? Sí. ¿Es incómodo? Seguro que sí. A veces lo hacemos mal y terminamos ofendiendo, sí. Pero te prometo que no duele tanto y no es tan incómodo como ver a un hermano en Cristo caer poco a poco en patrones pecaminosos mientras nosotros nos mantenemos callados.

CONCLUSIÓN

En Efesios, Pablo nos explica la conexión explícita que existe entre las relaciones intencionales y nuestro proceso de cambio: «Sino que siguiendo la verdad en amor, crezcamos en todo en aquel que es la cabeza, esto es, Cristo» (Ef. 4:15).

El fin de nuestras amistades cristianas es Jesucristo. El fin es ser cada vez más como Él. El fin es ser más conscientes de nuestro pecado, y por lo tanto, que la misma cruz de Cristo crezca más y más en nuestra mente. Claro, pasamos buenos tiempos juntos, pero eso en sí no es la meta. La meta de todo es que juntos, todos nosotros, nos parezcamos más a Cristo.

Tú y yo no podemos llegar solos a la meta de ser como Jesús. Estamos juntos en nuestro proceso de cambio. Y mi pregunta sincera es: ¿quién está caminando contigo? ¿Tienes a personas en tu vida que te apoyarán en tu proceso de cambio? ¿Tienes a personas que te amonestarán? Y tú, ¿apoyas y amonestas? Para cambiar, necesitarás de otras personas.

CAPÍTULO 8

TUS CONFLICTOS
Y HERIDAS

«Tu hermana es una retrasada». Cinco palabras que me llenaron de un enojo inexplicable. Tenía ocho años, pero nunca las he olvidado. Mi hermana apenas había nacido ese año con parálisis cerebral. Habían sido meses difíciles, mi familia intentaba adecuarse a un nuevo ritmo y las extremas necesidades que ella presentaba. Yo me encontraba ese día en el recreo con este niño que consideraba un amigo. Seguro que estábamos compitiendo en algún deporte cuando las cosas se volvieron conflictivas. Con el fin de herirme, él lanzó esas cinco palabras que resultaron en una pelea a golpes. He oído decir que las palabras no nos pueden herir. Eso simplemente no es cierto.

Vivir en un mundo caído viene a un costo grande para los seres humanos. Claro, con nuestro propio pecado hemos ayudado a producir la condición de este mundo, pero eso no quiere decir que toda la maldad que enfrentamos sea culpa nuestra. Muchas personas viven vidas saturadas por los efectos de los pecados de otros. El conflicto entre seres humanos puede expresarse de múltiples formas. Puede ser tan sencillo como una discusión entre dos personas enojadas, hasta grandes atrocidades como el abuso, el racismo o el genocidio. Donde hay seres humanos, siempre habrá conflicto.

Los conflictos se dan en diferentes formas. Déjame darte algunos ejemplos.

Palabras. Puede ser que hayas oído muchas palabras dichas en contra tuya. Quizás estas palabras las dijeron tus seres queridos, y a veces vienen a tu mente y vuelves a sentir ese conflicto en el corazón. El chisme, las groserías, las indirectas, todas esas palabras nos hieren y afectan nuestro proceso de cambio.

Violencia. Puede ser que hayas vivido cierta violencia. Desde que Caín mató a Abel, los seres humanos han utilizado la violencia para ejercer poder y dominio sobre otras personas. El abuso físico que se da en las familias y entre parejas es una extrema distorsión de lo que deberían ser estas relaciones. Puede ser que, en vez de protegerte y cuidarte, tus papás fueron tus agresores. Puede ser que otros se hayan aprovechado de tu cuerpo. Estas cosas no deberían ser así.

Negligencia. Hay personas que han sido agredidas emocionalmente porque nunca recibieron la afirmación y el amor que deberían haber experimentado. Tal vez esto suceda de parte de un cónyuge que se ama a sí mismo y usa a su pareja para servirse. Algunas familias han vivido muchos conflictos por la pasividad de los papás, o incluso por un padre ausente que menosprecia, rechaza e ignora.

Malos entendidos. Algunos viven roces y conflictos con otras personas por malos entendidos. No logran entender por qué parece que siempre se encuentran cara a cara con personas que los quieren ofender y maltratar, o por lo menos así parece. Por más que intentan buscar relaciones sanas y saludables, las personas parecen querer bajarlos de su lugar para que ellos puedan ser superiores.

Todos los que hemos sido agredidos somos víctimas de una forma u otra. Todos hemos pasado por injusticias, aunque el alcance de ellas sea diferente. Sin embargo, todos también hemos sido agresores. Podemos recordar momentos de nuestra propia vida cuando hemos dicho palabras hirientes. Quizás aún nosotros hemos sido agresivos físicamente. Puede ser que eres una persona propensa al enojo, con un carácter fuerte que responde ante de cualquier amenaza.

Sea cual sea nuestra situación, todo ser humano carga heridas y causa heridas por causa de vivir en un mundo caído junto a otros pecadores. No hay alguien que haya pasado la vida sin ser lastimado o haber lastimado. Todas estas situaciones llevan al seguidor de Cristo a reflexionar sobre cómo es que deberíamos vivir a la luz de estas complejidades relacionales. ¿Hay esperanza para estas relaciones? Si somos llamados a amar y perdonar, ¿esto cómo luce? Y, ¿qué rol juegan estos conflictos en nuestro proceso de cambio?

¿POR QUÉ SUCEDE TANTO CONFLICTO?

Hay una razón por la que toda esta maldad existe. La hemos mencionado anteriormente: la oferta de la serpiente era de que nosotros podríamos ser Dios... aunque no era cierto. Nacemos comprometidos con nuestra propia adoración, y hacemos todo lo posible para obtenerla. Queremos ser el centro, queremos ser superiores, queremos ser reconocidos, anhelamos tener fama, una plataforma, adulación... en pocas palabras, queremos ser Dios. Este proceso de endiosarnos se enfrenta con un gran reto. Todos los otros seres humanos también nacen queriendo ser Dios. Cuando dos personas que quieren ser Dios se encuentran sobre el mismo terreno, habrá un gran conflicto. Es como dos reyes que se pelean por el mismo territorio.

Aunque hay casos severos de violencia y de abuso, no tenemos el espacio y el tiempo para tratar sobre eso aquí. Hay otros excelentes recursos al respecto. Sin embargo, no podemos ignorar que la mayoría de nuestras heridas y conflictos no son de esta índole tan grave. La mayoría de nuestras heridas suceden en lo cotidiano, en las palabras hirientes, los chismes, las personas que nos ignoran o nos menosprecian, en ser despedidos de nuestro trabajo injustamente. El dilema con estos tipos de heridas es que ninguno de nosotros estamos exentos tanto de recibirlas como de darlas. Cuando alguien más amenaza nuestro control, poder o reputación, sentimos que tenemos que ponerlos en su lugar. Aunque otros nos han lastimado al intentar endiosarse, nosotros también hemos lastimado a muchos con el mismo fin. Todos somos víctimas y agresores.

LA INJUSTICIA MÁS GRANDE

La ironía es que cuando los seres humanos buscan endiosarse, terminan pareciéndose muy poco a Dios, pues toman lo que no les pertenece para lograr un estátus que no les corresponde. En cambio, Dios tiene todo poder, todo dominio y toda autoridad, y Él ha hecho todo lo contrario: Él ha sido extremadamente generoso y bueno.

Aunque mucha de la maldad que enfrentamos no es culpa nuestra, también hay mucha maldad en este mundo que sí es nuestra culpa. Esa maldad que hemos cometido se ha hecho también contra Dios. Aunque no lo queremos admitir, somos agresores egocéntricos. Dios pudo haber exigido y ejecutado toda Su justicia en contra de nosotros, pero Él decidió tomar otro camino.

En vez de inmediatamente ejecutar Su venganza sobre nosotros, Dios tomó un camino inesperado. Él pudo haber demostrado Su gran superioridad, pero más bien se hizo humilde. Pablo nos recuerda en Filipenses 2 que, teniendo todo lo que le correspondía como Dios, Jesús vino a esta tierra y tomó la forma débil y vulnerable de un humano, y nació siendo un pequeño bebé. No solo tomó forma de hombre, sino que además se hizo siervo de los hombres, y fue siervo hasta la muerte.

Imagínalo: el Creador de todo el universo, colgado desnudo delante de Sus criaturas egocéntricas. Al buscar ser Dios, las criaturas intentaron matar a Dios. Cuando lo vemos desde esta perspectiva, llegamos a entender que la injusticia más grande del mundo le ha sucedido al Creador del mundo, no a nosotros. Vale la pena agregar que la injusticia no solo fue física.

Cristo no solo cargó en la cruz el dolor de la injusticia hecha contra Él por los romanos y el pueblo de Israel, sino que cargó toda nuestra injusticia en contra de Él (1 Ped. 2:24), el Dios soberano de la creación. Nosotros maltratamos, menospreciamos y rechazamos continuamente a Dios cada vez que pecamos. En lugar de buscar venganza en contra de nosotros, nos amó, se humilló, llevó la pena de nuestro pecado y nos ofreció perdón. Él fue nuestro sustituto (2 Cor. 5:21). Él murió en nuestro lugar. Tú y yo merecíamos la muerte, pero Cristo murió por nosotros (Rom. 5:8). Tú y yo merecíamos la burla, ser expuestos, pero Cristo lo fue en nuestro lugar. Tú y yo merecíamos ser esclavizados, pero Cristo destruyó la esclavitud del pecado para hacernos libres. Cristo obró paz en medio de nuestro conflicto.

CONFLICTOS Y NUESTRO PROCESO DE CAMBIO

Muchos piensan en su proceso de cambio como algo personal, algo del presente y del futuro. A menudo queremos cambiar precisamente para dejar atrás aquellas heridas que nos han causado tanto dolor. Sin embargo, la Biblia es clara que una parte esencial de nuestro proceso de cambio radica en tratar nuestra amargura y resentimiento, en convertirnos en agentes de paz.

De hecho, este asunto de la reconciliación es tan importante que Jesús enseñó que era necesaria antes de ofrecer una ofrenda en el altar. En Mateo 5:21-24, Cristo dice primero que no solo somos llamados a no matar, sino que aun si estamos enojados contra nuestro hermano, somos culpables delante de Dios como si lo hubiéramos matado. Entonces nos explica cuál debería ser nuestra actitud:

Por tanto, si traes tu ofrenda al altar, y allí te acuerdas de que tu hermano tiene algo contra ti, deja allí tu ofrenda delante del altar, y anda, reconcíliate primero con tu hermano, y entonces ven y presenta tu ofrenda (vv. 23-24).

Jesús está expresando lo urgente que es la reconciliación entre hermanos. Está estableciendo claramente que si queremos presentarnos delante de Dios, a Él le importa la relación que tenemos con nuestros hermanos. Es una tragedia escuchar de tantos cristianos que están peleados y en conflicto, sin jamás haber buscado una reconciliación bíblica. En ese sentido, no podemos hablar de nuestro proceso de cambio, de parecernos más a Cristo, sin hablar de la reconciliación y el perdón entre hermanos.

¿CÓMO RESPONDEMOS A NUESTROS CONFLICTOS A LA LUZ DEL EVANGELIO?

Uno de los grandes impedimentos que enfrentamos en nuestro proceso de cambio son las heridas de nuestro pasado. Guardamos rencores en contra de otros. Cada vez que pensamos en ellos, empezamos a pelear contra estos en nuestra cabeza. Nos regresamos a ciertas conversaciones y pensamos en todas las cosas que debimos haber dicho.

Pablo nos dice en Filipenses 2:5: «Haya, pues, en vosotros este sentir que hubo también en Cristo Jesús». Pablo nos llama a ser como Cristo. Nos llama a una postura de humildad y servicio, y no a una postura de superioridad.

Pero ¿qué significa esto en la cruda realidad de nuestros conflictos? ¿Cómo podemos indagar en todas las partes de nuestro pasado para tratar la amargura, el resentimiento y las heridas que cargamos de los conflictos que hemos vivido?

Acércate a Cristo

En pocas palabras, el llamado que Pablo establece para los cristianos en toda situación es actuar con la humildad de Cristo, y no con la arrogancia y superioridad de alguien que busca endiosarse. Esto presenta un enorme reto, un reto que es imposible hacer solos.

Hebreos 4:15-16 nos ayuda en esto:

Porque no tenemos un sumo sacerdote que no pueda compadecerse de nuestras debilidades, sino uno que fue tentado en todo según nuestra semejanza, pero sin pecado. Acerquémonos, pues, confiadamente al trono de la gracia, para alcanzar misericordia y hallar gracia para el oportuno socorro.

Dios no se encuentra lejos de tu sufrimiento y sin poder entender lo que has vivido. Al contrario, nuestro sumo sacerdote se compadece de nuestras flaquezas, pues Él vivió en carne humana y fue víctima de gran injusticia. Por lo tanto, tú puedes acercarte *con confianza* a Él para recibir ayuda. Esto quiere decir que, cuando se trata de superar el dolor y las heridas causadas por otras personas, no tienes que estar solo. Si has confesado fe en Cristo, el Espíritu de Cristo vive en ti. Al acercarte a Dios, su Espíritu te fortalece y te da la misericordia y la gracia para ayudarte en lo necesario. Esto no es una ayuda alejada de tu realidad, sino que es una ayuda que viene de manos clavadas y una espalda destrozada por Sus agresores.

Mírate a ti mismo

Romanos 12:9 inicia diciendo: «El amor sea sin fingimiento. Aborreced lo malo, seguid lo bueno». Cuando Pablo dice que el amor sea sin fingimiento, o hipocresía, este llamado se aplica tanto a los que nos han agredido como a nosotros mismos. Una de las mejores maneras en las que podemos amar a las personas que nos han agredido es evaluando nuestra propia vida para determinar cómo nosotros hemos posiblemente pecado en contra de ellos. La mayoría de los conflictos implican a múltiples personas, no solo una. Seguramente tú también compartes la culpa.

Cuando alguien nos agrede, lo común es querer hacerles pagar por lo que han hecho. Tal vez les hacemos pagar al hablar a sus espaldas y buscar formas de regresarles la maldad que nos hicieron. Esto también es pecaminoso y debemos reconocerlo. Por otra parte, podemos intentar usar una versión falsa del amor para manipularlos de manera pasiva-agresiva. No es que realmente les amemos, más bien queremos que se sientan mal por habernos agredido, entonces les tratamos con mucho cariño para que se sientan avergonzados.

Pide perdón

Si has pecado contra alguien que te ha maltratado o agredido, también tú deberías pedir perdón. Un pecado no justifica otro. El cristiano no tiene derecho a pecar contra alguien que ha pecado contra él. Pablo enseña: «No paguéis a nadie mal por mal» (Rom. 12:17). Cristo mismo nos demuestra esto en Su actitud amorosa en la cruz. Aunque Él nos pudo haber pagado mal por mal, nos extendió Su gracia.

Al mismo tiempo, nosotros no somos exactamente como Cristo. Él fue tratado injustamente sin haber jamás cometido injusticia alguna. Contrario a ello, muchos de los conflictos que vivimos tienen dos vías. Alguien nos habla de manera denigrante, y nosotros les regresamos palabras también denigrantes. Aunque Cristo nunca tuvo que pedir perdón, nosotros sí. Y así demostramos la humildad de Cristo que obra en nosotros.

Cuando pedimos perdón, es importante que lo hagamos de la manera correcta. Esto significa que reconoceremos nuestros errores sin excusas ni justificaciones. No deberíamos agregar un *pero*. Así solemos muchos pedir perdón: «Perdón por hablarte así, *pero* tú también me maltrataste». Eso no es pedir perdón, es una manera pasiva de señalar errores y buscar justicia.

Habla la verdad

Hay muchos conflictos donde lo más amoroso que podemos hacer es hablarle la verdad a las personas que nos han maltratado. En otras palabras, confrontarlos por el mal que nos han hecho. La Biblia nos llama precisamente a eso. Pablo termina su capítulo en Romanos 12 con una frase muy conocida: «No seas vencido de lo malo, sino vence con el bien el mal» (v. 21). Una de las maneras en las que vencemos el mal con el bien es al confrontar el mal.

Es muy importante que no tomes este paso para hacer justicia. El punto no es hacer que ellos paguen por su maldad. Es atractivo querer hablarles la verdad con el simple afán de exponer cuánto nos han herido. Pero eso no es amor, es egocentrismo. Hablarles la verdad significa que, ya que los amas, quieres lo mejor para ellos. Querer lo mejor para ellos incluye anhelar profundamente su crecimiento en santidad.

Hablar la verdad no es condenarlos ni hacerles pagar. Es llamar su atención a lo que dice la Biblia para que su relación con Dios y con nosotros se vea restaurada. Esto es a lo que se refiere Pablo cuando dice: «Si es posible, en cuanto dependa de vosotros, estad en paz con todos los hombres» (Rom. 12:18). Estar en paz no significa ignorar su pecado; más bien, significa aprender a confrontarlo de una manera madura y piadosa. El fin es que caminen en intimidad con Dios y con nosotros. Lo que nuestra carne quiere es que paguen por su mal, pero lo que el evangelio demanda es que obremos para su bien. Esto es vencer el mal con el bien.

Esto significa que tanto las palabras que usamos como el tono de nuestra voz y la manera en la que representamos lo que han hecho, todo debe hacerse por amor a ellos, buscando su mayor bien, el cual es que caminen en intimidad con Dios.

Perdona

El verdadero amor sucede en este último paso. El acto de mayor amor que podemos ofrecer a aquellos que nos han agredido es perdonarlos. Muchos ven el perdón como algo que hacemos para nuestra propia libertad. Si perdonamos, pensamos que al fin tendremos salud emocional otra vez. Sin embargo, este tipo de perdón no muestra amor al agresor, sino que demuestra amor a nosotros mismos. Bíblicamente, perdonar tiene mucho más que ver con tratar de manera generosa a los que nos han insultado, aun si eso significa que no lograremos tener la preciosa salud emocional que tanto anhelamos. Esto no quiere decir que viviremos atormentados por las atrocidades que nos han sucedido, sino que el fin del perdón no es simplemente tener libertad emocional.

El teólogo Miroslav Volf explica que perdonar es liberar a nuestro agresor del castigo o de su deuda acumulada contra nosotros.[1] Esto es precisamente lo que Dios ha hecho con nosotros. Dios no simplemente dijo: «Lo olvidaré». Tampoco prometió que no habría condenación alguna por nuestro pecado. Más bien, a la hora de perdonarnos, Jesucristo mismo asumió la deuda de nuestra agresión contra Él. Él sufrió la

---

1. Miroslav Volf, *Free of Charge* [Gratuitamente] (Zondervan, 2009), p. 130.

condenación. El acto de perdonar no es olvidar lo sucedido nada más.

Perdonar tampoco es fingir que nunca sucedió una injusticia. De hecho, uno de los puntos a los que llega Volf es que el mero acto de perdonar da por sentado que algo injusto ha sucedido. Si algo injusto no sucedió, no hay por qué perdonar. Por lo tanto, perdonar no es ignorar la maldad, es responder a la maldad imitando a Dios.

Cuando decimos que perdonar significa que vamos a liberarlos de su deuda, representa que soltaremos toda intención nuestra de hacerles pagar por su maltrato hacia nosotros. Nosotros los trataremos con la misma gracia que Dios nos ha dado. Esto es lo que Pablo nos dijo al escribir: «Antes sed benignos unos con otros, misericordiosos, perdonándoos unos a otros, como Dios también os perdonó a vosotros en Cristo» (Ef. 4:32).

El pastor Tim Keller, en un artículo sobre del perdón, nos recuerda que la Biblia siempre habla del perdón en términos económicos.[2] La Biblia trata las heridas causadas en contra de nosotros como una deuda acumulada. La persona que nos hiere nos ha quitado algo, nos ha robado nuestra reputación, dignidad o salud emocional. Justicia es hacerles pagar por la deuda acumulada. Perdón es cancelar la deuda. Lo difícil es que cuando le perdonamos la deuda a alguien, nosotros la tenemos que pagar. El perdón es costoso. Y esta es la manera en la que

---

2. Tim Keller, *Serving Each Other Through Forgiveness and Reconciliation* [Servir a otros a través del perdón y la reconciliación]. Vienna Press: https://viennapres.org/wp-content/uploads/2016/04/Keller-Forgiveness-and-Reconciliation-2016-5-1-Resource.pdf

podemos ser como Cristo. Cuando Dios nos perdonó, no solo hizo que despareciera nuestra maldad, sino que también Él mismo, en Jesús, asumió la deuda que habíamos incurrido.

De manera práctica, Keller nos da tres formas de llevar esto a cabo:[3]

1. Rehúsate a castigarlos directamente

Aunque digamos que hemos perdonado a alguien, muchos de nosotros solemos recordarle a las personas constantemente lo que nos hicieron. No castigarlos directamente implica que ya no lo sacaremos a la luz en cada conflicto nuevo. No mantendremos un historial de su maldad que podamos utilizar cada vez que haya oportunidad. Tampoco deberíamos de evitarlos y tratarlos con frialdad.

2. Rehúsate a castigarlos delante de otras personas

Tampoco utilizaremos conversaciones con otros para «advertirles» del peligro de hablar con la persona que nos ofendió y que dijimos haber perdonado. Es fácil querer decirle a otros: «Tengan cuidado con fulano de tal... no te puedo dar detalles, solo ten cuidado». Esto es una manera pasiva de hacerles pagar por su maldad, o de buscar personas que puedan empatizar con nuestro dolor.

3. Rehúsate a castigarlos en tu corazón

Keller dice: «Puedes mantenerte amargado con alguien solo si te sientes superior a ellos».[4] La guerra principal para perdonar

---

3. *Ibid.*
4. *Ibid.* Traducción del autor.

a alguien sucede en nuestro corazón. No hacerles pagar su deuda en nuestra mente es una decisión constante. Esto significa que traeremos nuestra amargura y nuestro rencor a los pies de la cruz para clavarlos allí. Ser tentados a la amargura será una lucha constante, pero perdonar significa que haremos morir esos pensamientos con el fin de liberar a los que nos han insultado del castigo que tanto queremos que paguen.

En ese sentido, dice Keller: «El perdón se da antes de sentirse».[5] Puede ser que no tengas sentimientos de perdón, pero eso no te quita la capacidad de perdonar. Perdonar, al igual que amar, es un acto de la voluntad, no un estado emocional.

CONCLUSIÓN

Puede ser que estés leyendo todo esto y tu primer pensamiento sea: *¡Esto será imposible!* Y te quiero tiernamente recordar: en tus propias fuerzas *es imposible*. Tú y yo no podemos ser como Cristo en nuestras propias fuerzas. Necesitamos constantemente encontrarnos a los pies de la cruz. Recordar el evangelio es recordar que no somos únicamente víctimas, sino que también hemos agredido. Tenemos la capacidad de hacer la maldad que se ha hecho en nuestra contra. Pero Dios, que es rico en misericordia, ha demostrado de manera generosa Su gracia para con nosotros. Él no nos ha hecho pagar nuestra deuda, sino que Él mismo la pagó.

---

5. *Ibid.* Traducción del autor.

Estar lleno del Espíritu Santo significa que Él está en nosotros produciendo la capacidad para llevar a cabo todas las cosas que Dios demanda. Si Dios demanda perdón, es porque Él nos dará la capacidad para perdonar. No hay nada que Dios nos pida que Él no nos dé la fuerza para cumplir.

CAPÍTULO 9

TU SUFRIMIENTO

A nadie le gusta sufrir. Este odio profundo que tenemos por el sufrimiento solo se magnifica por la teología que muchos de nosotros hemos manejado. Muchos han aprendido erróneamente que el sufrimiento es únicamente una muestra de la maldición de Dios. Que lo que Dios quiere para nuestras vidas es que seamos prósperos, exitosos, saludables, felices… y si no tienes eso, es porque te falta fe.

No hablaré aquí de todas las mentiras que hay detrás de ese pensamiento. Lo que sí podemos decir es que la Escritura ve el sufrimiento como una parte integral de la vida cristiana y útil para nuestro proceso de cambio. Nada de esto hace que el sufrimiento sea fácil. Lo que sí significa es que tener una teología clara del sufrimiento es esencial para nuestro proceso de cambio.

El profesor de teología Zane Pratt dice:

Nadie disfruta el sufrimiento. Sin embargo, la mayoría de la gente entiende que el sufrimiento es parte normal de este mundo caído. Al contrario, el mundo occidental ha glorificado tanto las ideas de seguridad, comodidad y conveniencia que cualquier otra cosa se ve cómo si fuera una violación de nuestros derechos.[1]

La realidad es que a menudo somos así. Vemos el sufrimiento como una violación a nuestros derechos. Creemos que tenemos el derecho a una vida saludable, exitosa y próspera. Todavía más trágico es que a menudo las enseñanzas de la iglesia han fortalecido esa «arrogancia de vida», en vez de instruirnos en la Palabra.

Pedro, en su primera carta, habla sobre esto precisamente. Él habla mucho con respecto al sufrimiento, pero no tan directa y explícitamente como en el capítulo 4, versículos 12-17. Examinaremos esos versículos a continuación. El punto central al que llega Pedro es sencillo de entender, pero difícil de aceptar: el sufrimiento es una herramienta que Dios usa para nuestro proceso de cambio. Si realmente quieres cambiar, es imperativo que entiendas lo que Pedro enseña en estos versículos, los cuales nos servirán como guía para entender el rol del sufrimiento en nuestro proceso de cambio.

---

1. Zane Pratt, *Christianity Promises Suffering and Persecution: Here's How to Prepare* [El cristianismo promete sufrimiento y persecución: ¿Cómo prepararte?]. International Missions Board: https://www.imb.org/2017/03/28/suffering-persecution-prepare/

EL SUFRIMIENTO ES PARA PROBARNOS

Dice 1 Pedro 4:12:

Amados, no os sorprendáis del fuego de prueba que os ha sobrevenido, como si alguna cosa extraña os aconteciese.

Esa frase: «no os sorprendáis», es fascinante. Literalmente significa «recibir como huésped». En ese entonces se usaba esta frase porque no te debía sorprender si alguien tocaba a la puerta para pedir hospedaje. Sucedía a menudo. Así que la idea que Pedro nos da es sencilla: prepárate, porque en algún momento el sufrimiento tocará a tu puerta. No te sorprendas. Tienes que estar listo. Yo creo que muchos de nosotros vivimos con la cabeza en las nubes pensando que si nos esforzamos lo suficiente podemos evitar el dolor y cualquier cosa negativa. Pero lo queramos o no, todos sufriremos.

Pedro lo llama un «fuego de prueba», y nos explica que el propósito de este sufrimiento es probarnos. Quiero que consideres la implicación de esto. Si el sufrimiento es para probarnos, significa que Pedro está dando por sentado que hay alguien detrás del sufrimiento que vivimos y lo está gobernando y usando para probarnos. Obviamente, nosotros entendemos que Dios está detrás de todo nuestro sufrimiento, y no un universo fatalista. Más bien, hay un Dios bueno que está obrando en todas las cosas para nuestro proceso de cambio, que es ser más como Cristo para la gloria de Dios.

Llamarlo «fuego de prueba» incluye una idea que viene del mundo de las refinerías de oro. Cuando se extrae oro de una montaña o mina, el oro no se encuentra en el estado precioso y brillante al que estamos acostumbrados a ver. El oro sale de la piedra con muchas impurezas. Si has visto oro impuro, tiene algo de brillo, pero su forma es fea, y tiene muchas partes que son negras o grises, y no brillan.

El fuego se usa para refinar el oro. Este proceso no cambia la materia bruta del oro, pero sí cambia su calidad. El que lo refina pone el oro en el fuego. El fuego es tan caliente (se calienta hasta unos 1000 grados centígrados) que derrite el oro. Y al estar el oro en el fuego, las impurezas se empiezan a despegar y suben hasta la superficie, y entonces quien lo está refinando puede sacar las impurezas. Después de que se deja enfriar, se ve claramente que el oro que ya pasó por el proceso de refinación es más precioso que cuando entró.

Es así como Dios usa el sufrimiento. Dios usa el sufrimiento al que entramos para remover las impurezas que existen en nuestro corazón y hacernos más puros de como entramos. En ese sentido, todo sufrimiento que vive el cristiano primero pasa por las manos de Dios. De esa manera el sufrimiento no es una maldición que viene de Dios. Según lo que dice Pedro, es todo lo contrario. El sufrimiento está puliendo y preparando tu fe. El sufrimiento resulta en una fe genuina y sincera, y demuestra que Cristo, el objeto de tu fe, es suficiente para sostenerte en medio de la dificultad. Aun en el sufrimiento, Dios es por nosotros y está con nosotros.

EL SUFRIMIENTO ES PARA REGOCIJARNOS

Dios busca nuestro bien

Fíjate lo que dice Pedro en los versículos 13-14:

> ... *sino gozaos por cuanto sois participantes de los padecimientos de Cristo, para que también en la revelación de su gloria os gocéis con gran alegría. Si sois vituperados por el nombre de Cristo, sois bienaventurados, porque el glorioso Espíritu de Dios reposa sobre vosotros. Ciertamente, de parte de ellos, él es blasfemado, pero por vosotros es glorificado.*

En vez de sorprendernos cuando se acerca el sufrimiento, Pedro nos llama a regocijarnos. Yo sé que eso suena loco. Sin embargo, no lo es cuando entendemos lo que Pedro nos explica. La razón por la que podemos regocijarnos es porque compartimos con Cristo. Es decir, en el simple acto de sufrir nos estamos pareciendo a Jesús. Igual como Cristo fue rechazado y maltratado, si te asocias con Él y quieres ser como Él, tú también sufrirás.

El punto, por supuesto, no es que estamos sufriendo de la misma manera que Jesús. No estamos expiando nuestros pecados. Pedro no está sugiriendo un tipo de penitencia aquí en la tierra. La muerte de Jesús fue suficiente en sí misma para pagar la pena de nuestros pecados en nuestro lugar. Al contrario, Pedro explica que el sufrimiento de Cristo se vuelve nuestro modelo y nuestra esperanza. En específico, los cristianos a quienes les escribía Pedro eran perseguidos por su fe, sufrían por comprometerse con Cristo y habían sido salvados por los sufrimientos de Él. Era la asociación con la muerte de Cristo que causaba su sufrimiento.

Nosotros, hoy en día, no necesariamente sufrimos persecución. Sin embargo, sí sufrimos. El sufrimiento de persecución estaba efectivamente cumpliendo los propósitos de Dios en la vida de los cristianos de aquella época. Ellos también estaban en un proceso de cambio, cuyo inicio había sido por causa de los sufrimientos de Jesús y por medio del sufrimiento Dios obraba en su proceso de cambio.

Esto significa que todo nuestro sufrimiento ahora tiene sentido porque hemos confiado en los sufrimientos de Cristo. El que no está en Cristo sufre también, pasa por aflicciones también, pero las aflicciones no lo cambian. La razón por la que el sufrimiento sirve en las manos de Dios para conformarnos más a la imagen de Cristo es porque nosotros hemos confiado en el sufrimiento de Jesús.

Dios no desperdicia nada

Esto nos lleva a un punto muy importante. Si sufres por enfermedad o persecución, o por una injusticia que has vivido, o por algún desempleo, si sufres una discapacidad o dolor en tus relaciones... Dios está usando todo eso para completar tu proceso de cambio, el cual inició con y es sostenido por el sufrimiento de Cristo en la cruz.

¿Sabes algo? *Dios no desperdicia nada.* Sea lo que sea que estés pasando, Dios lo está usando para llevar a cabo Sus buenos propósitos en tu vida. No hay ninguna enfermedad, ningún dolor, ningún sufrimiento que Dios haya desperdiciado. Tal vez no sabes por completo lo que Dios ha cambiado en ti, o lo que ha hecho en tu vida, tal vez no te has percatado de las lecciones que aprendiste; pero podemos confiar en que después de sufrir somos más como Cristo. Y tenemos esa confianza debido a la muerte y resurrección de Cristo.

Esto es cierto aun si no logramos «aprender la lección» que Dios nos estaba enseñando. No sé si, al pasar por alguna dificultad, has pensado algo como esto: *Tengo que aprender la lección que Dios me está enseñando.* Entonces te pones a evaluar toda tu vida para buscar la lección, y así piensas que Dios detendrá el sufrimiento. Esta forma de pensar nos plantea a un Dios lejano, uno que solo juega con nosotros como un león con un ratón. Dios no es así. El está obrando Sus buenos propósitos en tu vida, aun si no te das cuenta de lo que está haciendo.

Podríamos así comparar el sufrimiento en las manos de Dios a una cirugía. Si no eres cirujano, tienes que confiar en que el cirujano sabe lo que hace. Tal vez te duerma por completo, ni estarás despierto para el procedimiento. Cuando despiertas, te corresponde confiar que el cirujano ha hecho adentro de ti lo que necesitabas.

Así es el sufrimiento.

Nos sometemos a Dios y confiamos en que Él hará la operación en nuestro corazón que necesitamos por medio del sufrimiento. Por lo tanto, nos regocijamos porque sabemos que Dios está obrando en nosotros.

EL SUFRIMIENTO ES PARA GLORIA

Así que, ninguno de vosotros padezca como homicida, o ladrón, o malhechor, o por entremeterse en lo ajeno; pero si alguno padece como cristiano, no se avergüence, sino glorifique a Dios por ello. (1 Ped. 4:15-16)

Pedro dice que si sufrimos por nuestro pecado aquí en esta tierra, eso no es glorioso. Llevar las consecuencias por nuestra maldad no es el sufrimiento al que se refiere en ese pasaje. A lo que Pedro se refiere es a «padecer como cristiano». Por una parte, se refiere más específicamente a sufrir por ser cristiano. Sin embargo, creo que todo lo que Pedro dice aplica a cualquier tipo de sufrimiento incluso si no es específicamente por ser cristiano.

Pedro escribe que cuando sufrimos, no deberíamos avergonzarnos, sino que deberíamos glorificar a Dios. Este paso es profundo. Nos hemos acostumbrado a esta frase: «glorificar a Dios», o «darle gloria a Dios».

No somos tan buenos para glorificar a Dios en medio del sufrimiento. Al contrario, en muchos casos es fácil maldecir a Dios. *¿Por qué me dejas pasar por esto? ¿No sabes quién soy? ¿No sabes todo lo que he hecho?* Demostramos claramente que la persona a la que nosotros le rendimos gloria es a nosotros mismos, y creemos que Dios tiene la obligación de también doblar la rodilla, detener el sufrimiento, arrepentirse por haberlo enviado y reconocer lo grandiosos que somos.

Pedro nos llama a lo contrario. No a engrandecernos y explicarle a Dios todo lo que creemos merecer de Él, o lo injusto que es sufrir, sino más bien glorificarlo a Él. Reconocer que es justo, y todo lo que hace es justo, también. Él es bueno, y todo lo que hace es bueno, aun si no le encuentro la razón que quisiera.

Cuando glorificamos a Dios en medio del sufrimiento, lo que estamos diciendo es que aunque nos quiten absolutamente todo, Dios sigue siendo lo más valioso en nuestra vida. El sufrimiento demuestra en nuestra vida lo que es realmente valioso, lo que realmente glorificamos.

Tim Keller escribe al respecto:

Glorificar a Dios es apropiado; no solo se ajusta a la realidad, debido a que Dios es infinita y supremamente digno de alabanza, sino que es apropiado para nosotros como ninguna otra cosa lo es. Toda la belleza que hemos buscado en el arte, en los rostros, o en diferentes lugares —y todo el amor que hemos buscado en los brazos de otras personas— solo está plenamente presente en Dios mismo. Así que toda acción en la que reconozcamos Su gloria, ya sea a través de la oración, el canto, la confianza, la obediencia, o la esperanza, le estamos dando a Dios lo que le corresponde y cumpliendo con nuestro propósito.[2]

Parte de la razón por la cual el sufrimiento duele tanto es porque a veces toca aquellas cosas que consideramos más valiosas que Dios. La enfermedad a veces duele más porque

---

2. Tim Keller, *Caminado con Dios a través del dolor y el sufrimiento* (Poiema, 2018), pp. 184-185.

nos damos cuenta lo finito y corrupto que es nuestro cuerpo.
A veces sufrimos económicamente, y nos percatamos de que
nuestra esperanza estaba puesta en nuestro trabajo o en nuestra cuenta bancaria. A veces el sufrimiento que pasamos no es
físico, en ocaciones es relacional. Quizás perdemos una amis-
tad que tanto queríamos, y nos damos cuenta de lo valioso
que era la aprobación y el amor de esa relación. Es en medio
del sufrimiento que Dios nos recuerda que Él es supremo
sobre todas las cosas y que merece toda gloria.

EL SUFRIMIENTO ES PARA JUICIO

*Porque es tiempo de que el juicio comience por la casa de
Dios; y si primero comienza por nosotros, ¿cuál será el fin de
aquellos que no obedecen al evangelio de Dios? Y: Si el justo
con dificultad se salva, ¿en dónde aparecerá el impío y el
pecador? (1 Ped. 4:17-18)*

El juicio al que se refiere Pedro es el sufrimiento. Él quiere
que el sufrimiento empiece por la casa de Dios, o por los cristianos, para demostrar su verdadera obediencia y para revelar
quiénes son los que «no obedecen al evangelio de Dios». Para
los que están en Cristo, el fin del sufrimiento será nuestra
gloria. Para el que no está en Cristo, el fin del sufrimiento
será su destrucción.

A lo que Pedro quiere llegar es que el sufrimiento expone
a ambas personas. El sufrimiento que comienza por nosotros
demuestra nuestra salvación, demuestra dónde está nuestra fe

y esperanza. Pero para el que no está en Cristo, el sufrimiento también lo expone por lo que es. Para el que está en Cristo, el fin de todo sufrimiento termina en la resurrección. Para el que no está en Cristo, el fin de todo sufrimiento termina en castigo.

Y Pedro termina con este versículo que resume lo que ha venido diciendo: «De modo que los que padecen según la voluntad de Dios, encomienden sus almas al fiel Creador, y hagan el bien» (1 Ped. 4:19). Cuando dice: «los que padecen según la voluntad de Dios», no quiere decir que hay personas quienes su sufrimiento no está dentro de la voluntad de Dios. Al contrario, sufrir conforme a la voluntad de Dios se refiere más a lo que Dios demanda de ellos. Sufrir conforme a la voluntad de Dios es regocijarnos, glorificarlo a Él y ser hallados fieles. Sufrir conforme a la voluntad de Dios es encomendar nuestras almas a Dios. De hecho, esa frase que usa Pedro es la misma que usa Jesús cuando está en la cruz: «Entonces Jesús, clamando a gran voz, dijo: Padre, en tus manos encomiendo mi espíritu. Y habiendo dicho esto, expiró» (Luc. 23:46).

En el peor sufrimiento de la historia del mundo, Cristo mismo se regocijó al poder obedecer la voluntad de Dios, glorificó a Dios sobre todas las cosas, y se encomendó a Dios, entregándose a Él para que Dios hiciera Su buena obra. Nos podemos encomendar a Dios cuando sinceramente creemos que Él es bueno y que está obrando nuestro proceso de cambio.

CONCLUSIÓN

¿Conoces la historia de Kara Tippetts? Ella y su esposo tenían cuatro hijos preciosos. Se mudaron a Colorado para plantar una iglesia en la ciudad de Colorado Springs. Un tiempo después de haber llegado e iniciar la plantación, descubrieron que ella tenía un tipo de cáncer muy agresivo.

En vez de entristecerse por completo, ella decidió empezar un blog donde escribía con mucha transparencia. Llegó al punto donde ella tenía entre diez a veinte mil personas que visitaban su blog todos los días. Terminó publicando dos libros durante el tiempo que luchó con el cáncer.

A pesar de la abundante oración y de visitar a muchos médicos, Dios se llevó a Kara el 22 de marzo del 2015. Muchas personas llegaron al servicio de celebración de su vida, y casi 20 000 personas vieron la transmisión en vivo.

Kara escribió lo siguiente en su libro:

Requiere gran valentía poner a un lado tu soberanía y control imaginado y empezar a buscar el regalo no merecido. Sí, me refiero a la gracia. Gracia, según lo entiendo, es un regalo que recibes sin que lo merezcas. En un mundo de cuerpos increíblemente hábiles, nuevas dietas que están de moda para mantener un cierto tipo de historia, es difícil reconocer que estás viviendo en medio de la mejor historia jamás contada. ¿Puede la historia del cáncer ser buena? ¿Puede ser una gran historia? Sería más fácil demandarle algo a Dios por los resultados de mis exámenes y gritarle que esta no es la historia correcta para mi vida. Pero recibir, humildemente, la historia que nadie más quisiera tener y saber que es una bondad en medio del horror, no es algo que yo puedo hacer en mis propias fuerzas. Simplemente no puedo. Recibir mi historia de esa forma solo viene por medio del Único que recibió Su sufrimiento para un propósito mucho mayor al mío.[3]

Recibir el sufrimiento como una herramienta que Dios usa para comprobar y fortalecer nuestra fe en nuestro proceso de cambio parece una tarea imposible. Y lo es. Es precisamente allí donde, a pesar de lo que estamos viviendo, miramos las heridas de Jesús para encontrar la fuerza para enfrentar las nuestras. Miramos a Su cruz para cargar la nuestra. Y contemplamos la tumba vacía de Jesús sabiendo que la nuestra también estará vacía porque Él resucitó. Precisamente porque Jesús se levantó de la muerte, nosotros podemos pasar cualquier pena en esta tierra, porque por Sus heridas seremos sanados.

El sufrimiento es una de las herramientas utilizadas por Dios para ayudarnos a cambiar. No te rehúes a sufrir, recíbelo con gozo, sabiendo que Dios está obrando Su proceso de cambio en ti.

---

3. Kara Tippets, *The Hardest Peace: Expecting Grace in the Midst of Life's Hard* [La paz más difícil: Esperar gracia en medio de las dificultades de la vida] (David C. Cook, 2004), pp. 116-117.

CAPÍTULO 10

TU IGLESIA

Tu relación con Dios es personal, pero no es privada. Esta frase la hemos repetido muchas veces en nuestra iglesia, pero para muchos nos sigue costando entender exactamente por qué importa ser parte de una iglesia local. A menudo escuchamos a personas hablar de que ellos aman a Jesús, pero no tanto a la iglesia. Muchos en nuestra generación han abandonado por completo lo que llaman la «religión» por lo que consideran que es una «relación». Entiendo lo que quieren decir, pero suelen decidir algo indiscriminadamente sobre las cosas que caben bajo la categoría de «religión» y las que caben bajo la categoría de «relación». Lo que para muchos queda en la categoría de «religión» es congregarse con la iglesia local.

No solo existe una tendencia a alejarnos de la congregación dominical, sino que también existe una tendencia a alejarnos de la comunidad física y visible. Muchas personas prefieren alternativas en línea para su experiencia eclesiástica en vez de congregarse en una iglesia local. Uno puede consumir prédicas y leer artículos sin tener que ver a otro ser humano. Esto lo justificamos porque nuestras iglesias no son «sanas» o «saludables».

Sin embargo, esto también demuestra algo muy problemático en lo que creemos sobre la iglesia. Esto demuestra que creemos que la razón por la cual deberíamos de congregarnos es para nuestro propio bien espiritual. Si no obtenemos algún beneficio espiritual al congregarnos, pensamos, entonces es mejor dejar de congregarnos, o solo congregarnos en línea o leer artículos, porque de eso sí nos vemos beneficiados.

Además de eso, tenemos a muchas personas hoy en día que critican a la «institución» de la iglesia. Tristemente, esto sucede porque hay muchas personas que han sido lastimadas por pastores o líderes quienes no tenían el carácter para ocupar el puesto. Lo queramos o no, estas experiencias forman nuestras convicciones sobre la iglesia. Si vemos la iglesia como una institución que fomenta la agresión y el abuso de personas, no vamos a querer ser parte de ella.

Como te podrás imaginar, esta pequeña evaluación de las experiencias que tenemos con la iglesia genera muchas dudas. ¿Qué es la iglesia? ¿Cómo debería de funcionar? ¿Cuál es mi responsabilidad con la iglesia? ¿Debo pertenecer a una iglesia local? ¿Debo tener una «autoridad espiritual», como pastores, a quienes le rinda cuentas? ¿Para qué existe la iglesia? ¿Quién debería ser líder en una iglesia? La forma en la que contestamos esta serie de preguntas es lo que a menudo determinará nuestro involucramiento a largo plazo en la congregación.

En nuestra iglesia local pasamos mucho tiempo contestando estas preguntas. Lo impresionante es que estas preguntas en sí no son tan complejas cuando las contestamos a la luz de la Escritura. El problema es que muchos de nosotros no las estamos contestando con la Biblia en mano, sino que intentamos contestarlas con base en lo que nosotros creemos que intuitivamente debería de ser una iglesia. Nuestra primera pregunta no debería de ser: «¿Qué creo yo de la iglesia?». Tampoco debería ser: «¿Qué beneficio obtengo de la iglesia?»; sino debería ser: «¿Qué dice la Biblia con respecto a la iglesia?». Al ver lo que dice la Biblia, podemos determinar mejor qué camino debemos tomar en cuanto al rol de la iglesia en nuestro proceso de cambio.

¿QUÉ ES LA IGLESIA?

Brevemente quisiera aclarar qué es la Iglesia. Según la Palabra de Dios, la Iglesia es la comunidad de personas quienes han sido redimidos por Jesús y estan siendo conformados más a Su imagen. Esto lo vemos en pasajes como Efesios 5:25:

> *Maridos, amad a vuestras mujeres, así como Cristo amó a la iglesia, y se entregó a sí mismo por ella.*

Aunque este versículo está en una sección que habla del matrimonio, vemos que la iglesia es la comunidad de personas amadas por Cristo, por quienes Él se sacrificó para santificarnos (apartarnos para sí mismo) y purificarnos para ser presentados delante de Él. Somos la comunidad de personas redimidas por Cristo que ahora existimos para Él.

En ese sentido, es importante reconocer que la iglesia no es el edificio donde nos reunimos, ni es el servicio dominical al cual asistimos. La iglesia es la comunidad de personas a la cual pertenecemos. Otras frases que podríamos usar para referirnos a la iglesia son «el pueblo de Dios», o «el cuerpo de Cristo», o «la novia de Cristo». Estas frases enfatizan las personas redimidas y su relación con Dios.

Con este entendimiento básico, es fundamental entender que nunca puedes realmente irte de la iglesia, porque si has creído en el evangelio, *iglesia* es lo que eres, no lo que haces. En pocas palabras, nosotros no *vamos* a la iglesia, *somos* la iglesia. «Iglesia» no es nuestra actividad, es nuestra identidad. Si estás en Cristo, eres la Iglesia.

LA IGLESIA INCLUYE A OTROS

Uno de los elementos que es importante reconocer es que ser parte de la Iglesia significa que hay otras personas involucradas. Nosotros no somos los únicos redimidos por Jesús. En Romanos 12 Pablo está hablando de los dones espirituales. Y antes de que explique los dones, el apóstol en pocas palabras escribe uno de los versículos más robustos en cuanto a la naturaleza de la Iglesia.

... así nosotros, siendo muchos, somos un cuerpo en Cristo, y todos miembros los unos de los otros. (Rom. 12:5)

Esa frase, «miembros los unos de los otros», es una frase con mucho peso. Como mencioné antes, quizás pensemos en nuestro proceso de cambio como algo privado o individual. Lastimosamente, la Biblia no lo presenta así. La Biblia enseña que estar unidos a Cristo por la fe es también estar unidos al cuerpo de Cristo, a la Iglesia, a la comunidad de los creyentes. No somos miembros los unos de los otros solo porque asistimos a la misma iglesia. Somos miembros los unos de los otros porque le pertenecemos a Cristo.

El profesor y escritor C. S. Lewis nos recuerda:

Somos llamados desde el principio a interactuar como criaturas con nuestro Creador; como mortales con lo inmortal; como pecadores redimidos con nuestro Redentor sin pecado. Su presencia, la interacción entre Él y nosotros, siempre debería ser el factor dominante en la vida que vivimos en el Cuerpo, y cualquier concepto de las relaciones cristianas que no signifique principalmente comunión con Él está fuera de lugar.[1]

Esta unión que ahora tenemos con otros cristianos no es principalmente por la geografía o por intereses mutuos, sino que es primeramente por Cristo. Lo que nos une es Cristo.

---

1. C. S. Lewis, *The Weight of Glory* [El peso de la gloria], edición Kindle (HarperOne, 2001), pos. 167.

Puesto que tenemos comunión con Él, ahora tenemos comunión con Su cuerpo. No hay verdadera comunión con Su cuerpo sin comunión con Él, y no hay comunión con Él sin Su cuerpo. Estas dos cosas siempre van de la mano.

SOMOS MIEMBROS LOS UNOS DE LOS OTROS

Me encanta esta traducción: «… somos un cuerpo en Cristo e *individualmente* miembros los unos de los otros» (Rom. 12:5, LBLA, énfasis agregado). Esto no significa que todos somos iguales. La realidad es que todos somos diferentes. Somos miembros los unos de los otros, es decir, hemos sido unidos a Cristo. No somos lo mismo, no somos uniformes. Lo que nos ha unido es mayor que todos nosotros, e incluso con nuestras diferencias estamos juntos. No significa que hemos perdido nuestra identidad propia, sino que no podemos pensar nada más en nosotros mismos.

Cada cristiano, individualmente, no existe aparte del cuerpo, y el cuerpo no existe sin los individuos. El cuerpo de Cristo es una comunidad de individuos que han sido unidos por Cristo.

Eso es ser miembros los unos de los otros. Lo que yo hago depende de y afecta a otros, y lo que otros hacen me afecta. Para ponerlo de otra manera, Dios ha diseñado que mi proceso de cambio dependa en parte de mi iglesia, y que el proceso de cambio de los demás en mi iglesia dependa de mí. Somos miembros los unos de los otros.

UNIDAD EN DIVERSIDAD

Uno de los retos grandes de la iglesia es la unidad en diversidad. Somos individuos. Somos diferentes, diversos, distintos... pero estamos unidos. Esto no es uniformidad; es unidad. Esta es una de las cosas más impresionantes del diseño de Dios para Su Iglesia, y no es un accidente. Dios ha diseñado a la Iglesia específicamente así para apoyarnos en nuestro proceso de cambio.

Hace un tiempo se casó uno de los miembros del personal de la iglesia que pastoreo.[2] Unos días antes, en la oficina, nos tomamos un tiempo para orar y conversar con él. Entre nosotros hay algunos que llevan tiempo casados. Otros son solteros. Y hay algunos que están recién comenzando. Esa no es una desventaja en la iglesia, sino todo lo contrario. Los que llevan poco tiempo casados a veces ven su matrimonio con una pasión que los que tienen más tiempo casados en ocasiones han perdido. Los solteros nos recuerdan que no todo gira en torno al matrimonio. Los que llevamos casados más tiempo tenemos información, conocimiento y sabiduría que hemos adquirido por medio de cometer muchos errores. Pero al mismo tiempo, no hay un solo matrimonio que sea igual. Esta diversidad nos ayuda a todos en nuestro proceso de cambio.

Así es de precioso el cuerpo de Cristo. Todos estamos en distintos momentos y situaciones. Somos personas diferentes.

---

2. En la actualidad soy uno de los pastores de la Iglesia Reforma en la Ciudad de Guatemala.

Y cada uno de nosotros hemos sido aceptados por Cristo no por nuestra posición social, ni por nuestros ingresos, ni por nuestro género, ni por nuestro estado civil. La obra de Cristo es lo que nos une. *Hay unidad en la diversidad.*

Déjame hacerte una pregunta práctica: ¿cómo piensas cambiar si todas las personas en tu vida son exactamente como tú y afirman todo lo que piensas de ti mismo y del mundo? ¿No crees que Dios a propósito ha diseñado a Su pueblo de manera diversa? Dios te ha colocado dentro de la iglesia para rodearte con otras personas distintas que han sido unidas para apoyarse en su proceso de cambio.

Y sí, yo sé que vivir aislados en nuestra burbuja «no religiosa» es más cómodo. Pero es en la relación entre los individuos que forman este cuerpo que realmente nos pulimos los unos a los otros.

Proverbios 27:17 nos lo recuerda:

Hierro con hierro se aguza; y así el hombre aguza el rostro de su amigo.

Pero tal vez dirás: «Estoy convencido de que necesito una comunidad cristiana, lo que no sé es si necesito los otros elementos de la iglesia». Quizás has dudado mucho de si es importante congregarte los domingos, participar de la santa cena y ser miembro en una iglesia. Puede ser que hayas dudado de la institución, y cuál realmente es su aporte a tu proceso de cambio. Nuestro espacio es limitado, pero contestaré algunas de esas preguntas.

EL DÍA DEL SEÑOR

¿Es posible pertenecer a la Iglesia sin congregarme con la iglesia? Esta pregunta puede ser difícil de contestar. Sería bastante bueno si existiera un pasaje que dijera claramente que no debemos dejar de congregarnos. ¡Un momento! Quizás la pregunta no es tan difícil porque *sí existe ese pasaje*:

> *Y considerémonos unos a otros para estimularnos al amor y a las buenas obras; no dejando de congregarnos, como algunos tienen por costumbre, sino exhortándonos; y tanto más, cuanto veis que aquel día se acerca. (Heb. 10:24-25)*

Literalmente, el autor de Hebreos nos dice que no deberíamos dejar de congregarnos. Entiendo que no aclara qué día ni dónde hacerlo. Muchos podrían decir que tomarse un café en la sala con otro cristiano es «congregarse», pero cuando contestamos esta pregunta a la luz de todo el Nuevo Testamento y la historia de la Iglesia, estos argumentos se desploman.

Primero que nada, la Iglesia en la Biblia se reunía los domingos. Hay pasajes, como Hechos 20:7, donde en el primer día de la semana Pablo le da un discurso a la iglesia de Troas. En 1 Corintios 16:2 Pablo anima a la iglesia a reunir una ofrenda cada primer día de la semana, y podemos suponer que sucedió en su reunión normal. Sin embargo, la idea de apartar un día entero de la semana para la adoración como cuerpo y para la adoración personal nace desde la creación. Dios mismo apartó el séptimo día para sí mismo (Gén. 2:2-3). A partir del

Nuevo Testamento, la Iglesia movió el día apartado para Dios al primer día de la semana para distinguirse de los judíos y para celebrar la resurrección, ya que esta sucedió el primer día de la semana (Mat. 28:1; Mar. 16:2,9; Luc. 24:1; Juan 20:1).

Estas reuniones de la iglesia local a lo largo de la historia han sido organizadas y dirigidas por los líderes de la iglesia, donde los líderes tienen la responsabilidad de equipar a la iglesia local para vivir en santidad y cumplir con la misión de hacer discípulos. Pablo, en sus cartas a Timoteo, establece muchos de los parámetros que deberían seguirse en la reunión de la iglesia, principalmente la proclamación de la Palabra de Dios.

No se trata de reunirnos con la iglesia porque la Biblia nos lo dice y ya, ¡aunque eso es suficiente razón! El punto es que Dios ha diseñado toda nuestra vida de una forma rítmica. Esta vida rítmica refleja Sus propósitos. Por eso iniciamos nuestra semana con Dios, pensando en Él, honrándolo, y recordando que Cristo ha conquistado la muerte. El día del Señor es una manera regular en nuestro calendario que nos recuerda que toda la vida se trata de Él, y no del trabajo ni de los afanes de la vida.

En el día del Señor nos sentamos bajo la predicación de la Palabra de Dios, la cual es aplicada a nuestra vida por el Espíritu Santo. Ella nos confronta y nos cambia de manera milagrosa. Esta predicación sucede por medio de líderes que nos aman y rendirán cuentas por nosotros (hablaré de eso más adelante). En el día del Señor nos relacionamos con nuestros hermanos en Cristo, quienes nos animan y nos estimulan a las buenas obras. En el día del Señor cantamos del evangelio de Jesús, de Su victoria sobre el pecado, el enemigo y la muerte. En el día del Señor somos comisionados a ir y vivir la misión de Jesucristo en nuestra vida cotidiana, de lunes a sábado. En pocas palabras, todo el día del Señor, desde su mera existencia hasta los propósitos que le da la iglesia local, nos recuerda el evangelio. Y recuerda, el evangelio es el poder de Dios para nuestro proceso de cambio.

AUTORIDAD EN LA IGLESIA

Puede que no estés convencido de que es importante pertenecer a una iglesia *local*. Puedes consumir prédicas y puedes sentarte a tomarte un cafe con tu hermano en Cristo, y sientes que con eso has «hecho iglesia». Es precisamente aquí donde es importante lo que enseña la Biblia sobre la pertenencia «los unos a los otros». ¿En qué consiste esta pertenencia, y cómo es que eso aporta a mi proceso de cambio? La respuesta básica es que pertenecer a una iglesia local nos pone de manera visible y práctica bajo la autoridad de Jesús.

Hay tres relaciones en la Biblia que nos hacen concluir que nuestro proceso de cambio, en parte, depende de la pertenencia a una iglesia local.

Pastores con ovejas

La primera relación de la cual la Biblia habla es entre pastores y ovejas. Lo vemos en pasajes como Hebreos 13:17: «Obedeced a vuestros pastores, y sujetaos a ellos; porque ellos velan por vuestras almas, como quienes han de dar cuenta; para que lo hagan con alegría, y no quejándose, porque esto no os es provechoso». Entiendo que este versículo ha sido mal usado, pero aun así se da por sentado que hay un tipo de relación, digamos *oficial*, entre pastores y algunas ovejas. Los pastores no tendrán que dar cuenta por todos los cristianos de su ciudad, solo por los que se sujetan a ellos.

Hay un enorme beneficio en tu proceso de cambio si tienes a un pastor que es responsable por tu cuidado y supervisión. Un buen pastor te instruirá, te acompañará en algunas etapas de tu vida, orará por ti y dirigirá la iglesia para que sigas creciendo. Y lo hará buscando tu bienestar y crecimiento, sabiendo que dará cuenta a Dios por tu vida. He aquí la importancia de encontrar una iglesia saludable con pastores que cumplen bíblicamente con los requisitos del pastoreado.

Ovejas con pastores

Esto nos lleva a la segunda relación: las ovejas y su pastor. Lo vemos en pasajes como 1 Tesalonicenses 5:12-13: «Os rogamos, hermanos, que reconozcáis a los que trabajan entre vosotros, y os presiden en el Señor, y os amonestan; y que los tengáis en mucha estima y amor por causa de su obra». Pablo llama a los cristianos a que respeten y tengan en alta estima a los que «con diligencia trabajan entre» ellos (LBLA). Este es un llamado a las ovejas, a que se sujeten a ciertos pastores. Una vez más, esto da por sentado que hay una relación formal entre las ovejas y algunos pastores. De ninguna manera se dice que un cristiano debe sujetarse a todos los pastores en el mundo. ¡Eso es imposible! Al contrario, la oveja obtiene un beneficio cuando se sujeta a la enseñanza, dirección, consejo y supervisión de un pastor o pastores. Tener a nuestros pastores en alta estima incluye tomar el paso de invitar a que otro par de ojos observe tu vida y te aconseje en las áreas que necesitan cambiar.

Ovejas con otras ovejas

La última relación que vemos en la Escritura es de ovejas a ovejas. Ya hemos hablado de algunos pasajes en la Biblia que hablan de «los unos a los otros». Somos llamados a amonestarnos, animarnos, exhortarnos y enseñarnos los unos a los otros. Pertenecer a una iglesia local permite que otros cristianos se involucren en mi vida, me animen a seguir creciendo, me confronten en mi pecado donde sea necesario y caminen conmigo durante mi proceso de cambio.

Estas tres relaciones son representativas de la autoridad que Jesús le ha dado a la iglesia. El autor Jonathan Leeman escribe: «La iglesia local es la autoridad que Jesús ha instituido en la tierra para confirmar oficialmente nuestra vida cristiana y moldearla».[3] Esta autoridad extendida dada por Jesús se ejerce por medio del liderazgo de la iglesia, y aún por medio de la instrucción de cada cristiano en la vida de otros. Pertenecer a una iglesia local es una de las maneras principales en las que nos sujetamos a la autoridad de Jesús en nuestra vida.

---

3. Jonathan Leeman, *La membresía de la iglesia* (9Marks, 2013), p. 28.

CONCLUSIÓN

Pertenecer a una iglesia local tiene sus retos, no cabe duda. Hay personas difíciles, tendremos que levantarnos temprano los domingos, escuchar prédicas en vez de salir con nuestros amigos, cantar canciones que quizás no conocemos... y sin embargo todas estas cosas que parecen ser irrelevantes, son enormemente importantes en el plan de Dios para nuestro proceso de cambio.

Cuando la Biblia habla de la iglesia, a menudo usa metáforas de la familia. Me gusta esta metáfora porque es muy atinada y relevante para nuestra situación. Pertenecer a una familia tiene sus retos. Pero aun con sus retos, la mayoría de nosotros vemos y entendemos el valor de pertenecer a ella. Muchos de nosotros no seríamos lo que hoy somos si no fuera por nuestra familia. De la misma forma, la iglesia es una familia: somos hermanos y hermanas adoptados por el mismo Padre. Él nos ha unido con el propósito de glorificarlo a Él al apoyarnos los unos a los otros en nuestro proceso de cambio.

CAPÍTULO 11

TU PROPÓSITO

Muchos luchan con la pregunta: ¿para qué estoy aquí? Es quizás una de las preguntas fundamentales de nuestra existencia como seres humanos. Cuando terminaba el bachillerato, recuerdo que tomé un curso sobre qué carrera estudiar. En general, yo pensaba que iba a ser pastor, pero asistía a un colegio público y ser pastor no estaba entre las opciones. Tuve que escoger otro tipo de carrera a investigar, por si tenía interés en estudiarla. Decidí que iba a estudiar mecánica. Este proceso incluía acompañar a un mecánico durante una semana, ver su trabajo y aprender de lo que hacía. Esa semana fue una de las más largas de mi vida. No tenía idea de lo que estaba haciendo, y era más que obvio que nunca sería mecánico. Lo único que aprendí de esa experiencia fue que ser mecánico no era mi propósito.

La mayoría podemos identificar aquellas cosas que seguramente *no* son nuestro propósito. Pero eso no contesta la pregunta de manera positiva: ¿cuál *sí* es mi propósito? Parte del problema es que pensamos en nuestro propósito más en función de *hacer* y no de *ser*. El doctor Miguel Núñez dice lo siguiente en la introducción a su libro *Siervos para Su gloria:* «Es lamentable y preocupante que el ser humano tenga una alta preocupación por las cosas que hace, mientras que no muestra una alta motivación por cultivar una vida interior que le permita manejar mucho mejor su vida exterior».[1]

Tenemos que pensar en nuestro propósito no tanto en términos de lo que hacemos, sino en términos de lo que somos. Nuestro propósito tiene que ver con ser un cierto tipo de persona, y no tanto con las tareas que realizamos. Hasta cierto punto podríamos decir que este libro entero es un libro que nos está ayudando a cumplir con nuestro propósito. El enfoque ha sido en cómo cambiamos bajo el señorío de Cristo; de corazón a conducta.

Enfocarnos en nuestra vida interior no significa que nuestra vida exterior sea irrelevante. Al contrario, la Biblia nos llama a hacer ciertas cosas en particular. De hecho, parte de nuestro proceso de cambio es seguir creciendo en aquellas cosas que suceden en nuestro mundo exterior, que es el lugar donde Dios nos ha llamado a vivir.

VIVIR *CORAM DEO*

La frase *coram Deo* viene del latín, y significa: «en la presencia de Dios». O se podría traducir: «delante del rostro de Dios». El

---

1. Miguel Núñez, *Siervos para Su gloria* (B&H Español, 2018).

punto es que vivimos toda nuestra vida delante de Su presencia. No hay un solo momento en el que Él no nos esté viendo. Parte de nuestro propósito entonces nace de entender que toda la vida es igual de importante y relevante delante de Dios, y por lo tanto debemos vivir siempre con esta consciencia.

R. C. Sproul explica el concepto así: «Vivir toda la vida *coram Deo* es vivir una vida de integridad. Esta vida es una vida integral que encuentra su unidad y coherencia en la majestad de Dios. Una vida fragmentada es una vida de desintegración. Es una vida marcada por inconsistencia, disonancia, confusión, conflicto, contradicción y caos».[2] Sproul continúa diciendo que la vida *coram Deo* «es una vida abierta delante de Dios. Es una vida donde todo lo que se hace, se hace como para el Señor».[3]

Nuestra vida entera la vivimos delante de Dios, y somos llamados en pasajes como 1 Corintios 10:31 a hacer absolutamente todo para la gloria de Dios. Entender la vida así no nos permite dividirla entre lo religioso y lo secular, sino que toda la vida ahora se vuelve «religiosa», porque toda la vida se vive delante de y para Dios.

SER UN MAYORDOMO

Vivir para Dios y cumplir Su propósito en tu vida significa ser un mayordomo para Él. La Biblia nos dice en dónde y de qué manera podemos ser mayordomos fieles.

---

2. R. C. Sproul, *What does "coram deo" mean?* [¿Qué significa *coram Deo?*]. Ligonier Ministries: https://www.ligonier.org/blog/what-does-coram-deo-mean/
3. *Ibid.*

Tu trabajo

Puesto que hemos sido hechos a imagen y semejanza de Dios, los seres humanos en general, y el discípulo de Jesús en particular, tienen la tarea de ser mayordomos de lo que Dios ha puesto en la tierra. Parte esencial de nuestro diseño como seres hechos a imagen y semejanza de Dios es representar Sus intereses aquí en la tierra y cuidar y cultivar de ella. Esto lo entendemos a raíz de Génesis 1:27-28, un pasaje que en la teología se le llama «el mandato cultural».

> *Y creó Dios al hombre a su imagen, a imagen de Dios lo creó; varón y hembra los creó. Y los bendijo Dios, y les dijo: Fructificad y multiplicaos; llenad la tierra, y sojuzgadla, y señoread en los peces del mar, en las aves de los cielos, y en todas las bestias que se mueven sobre la tierra.*

Aunque Dios ha colocado en la tierra todo lo necesario para satisfacer nuestras necesidades físicas y cumplir así con el mandato cultural, Él no nos dio todas las cosas ya desarrolladas. Dios puso al hombre en el huerto y le dio la tarea de descubrir lo que estaba allí y desarrollarlo para el bien de toda la tierra y los que la habitan.

Ese es el punto del trabajo que hacemos: descubrir las materias primas que existen en la creación y desarrollarlas para crear algo. Todo lo que vemos en nuestro mundo es el producto de Dios, quien lo colocó allí, o del hombre mientras cumple con el mandato cultural y desarrolla lo que Dios ha creado.

El producto de lo que creamos es cultura. Por eso a Génesis 1:28 se le llama «el mandato cultural». La palabra «cultura» viene de la misma familia de palabras que «cultivar». El hombre ha sido colocado en la tierra como un jardinero, a imagen y semejanza del Gran Jardinero. Su función es, para la gloria de Dios y el bien común, cultivar la tierra y así proveer para nuestras necesidades.

Dios nos ha puesto en este mundo para descubrir y desarrollar todo lo que Él puso en la tierra para el bien común de la creación y para gloria de Él. Hacemos esto dentro de las distintas vocaciones a las que Él nos ha llamado. Esto es ser un buen mayordomo.

En ese sentido, si eres doctor, por ejemplo, busca ser el mejor doctor para la gloria de Dios. Lo mismo si eres político, arquitecto, ama de casa, albañil, maestro o pastor. Sea cual sea la esfera en la que te encuentras, busca cultivarla, desarrollarla y servir bien para que Dios sea honrado. Entender la idea de *coram Deo* significa que trabajar bien para la gloria de Dios es también un acto igual de espiritual que congregarte con la iglesia.

Tu cuerpo

Ser un mayordomo no está limitado a la tierra, sino que incluye toda la creación. Somos llamados a ser mayordomos de nuestros cuerpos. Esto incluye desarrollarlos, cultivarlos y cuidarlos por medio del ejercicio y la buena dieta. En el cristianismo a menudo hemos enfatizado el alma al punto de que el cuerpo parece que no importa. Esta dicotomía tan fuerte no la encontramos en la Escritura. Nuestros cuerpos son una parte integral de la creación de Dios y son una parte integral de quienes somos, y por lo tanto deberíamos ser mayordomos de nuestros cuerpos, también. De hecho, esta es una de las implicaciones claras del mismo evangelio: Jesús se encarnó, vivió, murió y resucitó de manera corporal. Toda nuestra existencia es corporal, no podemos ignorar el cuerpo.

Esta mayordomía incluye buenos ritmos de descanso y trabajo. El descanso según la Palabra de Dios no es un lujo que practicamos si nos alcanza el tiempo, sino que es un elemento importante de lo que Dios demanda de la vida del cristiano. De la misma manera que Él quiere que el cristiano no mate y no robe, también demanda que el cristiano descanse. Esta práctica de apartar un día a la semana para Dios es esencial para glorificarlo, demostrar que confiamos en Él para proveer por nuestras necesidades y para reposar nuestro ser de manera integral.

Tu tiempo y dinero

Somos llamados a ser mayordomos de nuestro tiempo al usarlo para invertirlo en aquellas cosas que son prioritarias para el seguidor de Jesús. Somos también mayordomos de nuestros recursos (Ef. 5:16). Nuestro dinero y tiempo no son nuestros, sino que le pertenecen a Dios. Él nos ha prestado todo lo que tenemos, y nuestra tarea es ser buenos mayordomos del dinero y del tiempo, utilizándolos de maneras que le honran a Él y no a nosotros.

CUIDAR AL PRÓJIMO

En el pasaje del gran mandamiento, Cristo nos llama a amar a nuestro prójimo como a nosotros mismos (Luc. 10:27). Luego, Él nos da el ejemplo del buen samaritano (Luc. 10:30-37).

El punto principal de esta enseñanza es que el cristiano se sacrifica a sí mismo por el bien de los demás. Busca servir a las necesidades del necesitado, proteger al vulnerable y defender los derechos de las víctimas de injusticias. ¿Y quién es nuestro prójimo?

Tu familia

A menudo, cuando pensamos en nuestro prójimo, pensamos en algún necesitado de un barrio difícil. Es importante entender que tu primer prójimo son los que están bajo tu techo (1 Tim. 5:8). No podemos descuidar a nuestra familia para cuidar la familia de otro. Dios nos ha colocado en todas nuestras relaciones para cuidar a los prójimos a nuestro alrededor. Esto incluye proveer para las necesidades físicas, emocionales y espirituales de nuestra familia. Si tienes hijos, debes invertir tiempo en sus vidas, ya que eso es esencial para su desarrollo y crecimiento. Eso incluye invertir en tu matrimonio al buscar cómo servir a tu cónyuge como Cristo nos ha servido (Ef. 5:25; Col. 3:19; 1 Ped. 3:1).

El necesitado

Y sin embargo, no podemos reducir el cuidar al prójimo a nuestro hogar. Somos llamados a velar por las necesidades materiales de las personas a nuestro alrededor. Cuidar al necesitado no es un asunto de política, ni de activismo, ni de glorificarte a ti mismo; cuidar al necesitado es un asunto de obediencia. De hecho, en el pasaje de Lucas 10, el concepto de amar a Dios y amar al prójimo está ligado. Si decimos que amamos a Dios, pero no amamos a nuestro prójimo, queda en duda nuestro amor por Dios.

Las necesidades físicas nos importan a los cristianos precisamente porque vivimos *coram Deo*. No hay partes de la vida ni del ser humano que son «más importantes» que otras. Dios hizo tanto el alma como el cuerpo, y por lo tanto, el seguidor de Jesús es llamado a cuidar al prójimo de manera integral. El filósofo cristiano Francis Scheaffer afirmó: «El señorío de Cristo sobre toda la vida significa que no hay áreas platónicas en el cristianismo, ni dicotomías, ni jerarquías entre el cuerpo o el alma. Dios hizo tanto el cuerpo como el alma, y la redención es para el hombre entero».[4]

Nuestro prójimo también ha sido hecho a imagen y semejanza de Dios, y por lo tanto tiene una dignidad intrínseca, independientemente de la situación en la que se encuentre. Esto significa que tenemos la responsabilidad de servir y amar al prójimo sin importar si se trata de un borracho o el presidente de la nación. Cuidar al prójimo no toma en cuenta lo que uno podría obtener del prójimo, sino que, como Cristo,

---

4. Francis Schaeffer, *Art and the Bible* [El arte y la Biblia] (IVP Books, 2006), p. 14. Traducción del autor.

servimos y nos entregamos por completo a nuestro prójimo porque así hizo Jesús con nosotros.

HACER DISCÍPULOS

Cristo lo dejó en claro al terminar Su ministerio y vida aquí en la tierra: somos llamados a proclamar las buenas nuevas y a hacer discípulos. En la Biblia tenemos pasajes como Romanos 10, en donde Pablo nos recuerda la urgencia de la predicación. Tenemos también la gran comisión, donde la idea implícita es que, para hacer discípulos, debemos predicar el evangelio para que las personas crean en Jesús y luego crezcan en Él (Mat. 28:18-20).

Cuando pensamos en nuestro prójimo, debemos velar para que encuentre la única Vida verdadera, la cual hallará únicamente en Cristo. Muchos sienten que el discipulado es para los profesionales. «Yo no soy digno de discipular a alguien, pero sí necesito ser discipulado». Aunque indudablemente hay personas con diferente madurez, y esa madurez nos puede ayudar a crecer, no hay ninguna condición de madurez para poder discipular a alguien. De hecho, la Palabra de Dios asume que todos, sin importar su nivel de madurez, estarán involucrados en el crecimiento espiritual de los demás (Mat. 28:18-20; 2 Cor. 5:18-20; 1 Ped. 2:9-10; Heb. 10:24-25). Esto significa que el discipulado de las personas en la iglesia donde te congregas no es responsabilidad únicamente de los pastores, sino que también es tu responsabilidad. Esto implica que comunicar el evangelio a tus vecinos y colegas no es responsabilidad de tus pastores o líderes, sino tuya.

No es tan complejo como lo hemos hecho. Todos los cristianos cuentan con los mismos recursos, la Palabra de Dios y el Espíritu Santo. De hecho, en Romanos 15:14, Pablo dice que todos estamos «... llenos de bondad, llenos de todo conocimiento, de tal manera que podéis amonestaros los unos a los otros». Tenemos la capacidad. No por nuestro conocimiento o habilidades, sino que somos capaces por el Espíritu Santo que está en nosotros, y por la Palabra de Dios. ¿Cómo podemos estar seguros de esto?

Primero, todos los cristianos tienen el mismo Espíritu. El Espíritu Santo se encarga de identificar y convencernos de nuestro pecado (Juan 16:8-11,13), y darnos el poder para decirle «no» al pecado (Gál. 5:16) con el fin de ser como Jesús (Juan 16:14-15). Esto significa que cuando dos o tres cristianos se reúnen para identificar su pecado, allí está con ellos el mismo Espíritu impulsándolos hacia la santidad. O cuando te reúnes con algún amigo que no cree en el evangelio, allí está el Espíritu Santo acompañándote y empoderando tus palabras.

Segundo, todos los cristianos tienen la misma Palabra de Dios. La Palabra de Dios es útil «para enseñar, para redargüir, para corregir, para instruir en justicia, a fin de que el hombre de Dios sea perfecto, enteramente preparado para toda buena obra» (2 Tim. 3:16-17). Esta Palabra «discierne los pensamientos y las intenciones del corazón» (Heb. 4:12.). Esto significa que cuando dos o tres cristianos se reúnen y leen la Palabra de Dios, esta misma Palabra, viva y eficaz, los guía hacia la misma verdad.

Te quiero animar a simplemente invitar a un amigo a tu casa, a comer o salir a tomarse un café. El fin de esto es, sencillamente, conocerse. Aprende de su vida, su historia, su matrimonio, su trabajo, su trasfondo... En medio de esa conversación puedes hacer algunas de las siguientes preguntas que te pueden llevar a profundizar la relación con Dios con alguien más.

- Cuéntame tu historia, ¿cómo llegaste a ser cristiano?
- ¿Qué te ha estado enseñando Dios últimamente?
- ¿Qué has aprendido de las últimas prédicas en la iglesia?
- ¿Cuáles son los retos particulares a tu fe que enfrentas en tu trabajo?

Aún si no usas estas preguntas, con simplemente conocer a alguien, pedirle al Espíritu que te guíe y tener la Palabra de Dios presente en tu mente, vas a ver oportunidades para animar y estimular a otros en la fe. El discipulado, de nuevo, no es tan complejo como lo hemos hecho. Adicionalmente, ¡tenemos todos los recursos que necesitamos para hacerlo en el poder del Espíritu Santo y la Palabra de Dios! Sin embargo, sí requiere intencionalidad de nuestra parte, para extendernos y conocer a alguien más.

CONCLUSIÓN

Estos elementos pueden parecerte como un listado de que-haceres. Y en cierto sentido lo son. Debes hacerlo porque Cristo ahora es el Rey de tu vida, y parte esencial de seguirlo es obedecerlo. Sin embargo, seguir a Jesús es un proceso de corazón a conducta. Vivir *coram Deo*, ser un mayordomo y cuidar al prójimo son pasos que se volverán más placenteros a medida que permaneces en Cristo. El poder del Espíritu operará en tu vida y aplicará la gracia de Dios en ti para que el cumplir con estas demandas se vuelva dulce.

Esto lo vemos en la vida de Jesús. El mejor ejemplo de vivir *coram Deo* es Cristo. No había momento que para Él fuera «espiritual» y otros que no. Al contrario, Jesús en todo momento vivió para agradar al Padre al ser guiado por el Espíritu. Jesús es el mejor mayordomo. Es interesante considerar que fue carpintero en sus primeros años de vida. ¡Él trabajaba! Él usó todo Su tiempo, Su cuerpo y Sus recursos para honrar a Dios, y lo hizo al punto de entregar Su cuerpo por completo en la cruz del Calvario para obrar nuestra salvación. Este paso de entrega completa es el pináculo de cuidar al prójimo. Él nos amó, y nos amó hasta el fin, al predicar, aconsejar y servir a los demás para satisfacer las necesidades más profundas que teníamos. Su vida y Su muerte no son únicamente el ejemplo de cómo vivir, sino que el evangelio de Jesús es también el poder que necesitas para vivir de esa manera. Tu proceso de cambio de corazón a conducta resulta en una vida íntegra, al vivir todos los momentos a la luz del señorío de Cristo, al ser mayordomo de lo que Él te ha dado y al cuidar de las personas que Él ama.

CAPÍTULO 12

TU FUTURO

Tú solamente puedes vivir en este momento. Por más que quisieras, no puedes viajar por el tiempo a otro momento. Todos estamos completamente amarrados a este minuto en el que estás leyendo esta oración. El minuto que apenas pasó, ya no lo tendrás de nuevo. El minuto que está por venir no lo puedes apurar para que venga más rápido. Como dice la famosa frase: «Todos somos esclavos del tiempo». Cada uno de nosotros tiene la misma cantidad de horas, pero aun más, todos tenemos que vivir esos momentos en la secuencia que vienen. No hay manera de librarnos del presente.

Esto genera cierta ansiedad en muchas personas que pasan gran parte de su tiempo pensando en el futuro y preocupándose por él. Una de las preguntas que más nos hacemos y siempre me ha generado cierta incomodidad es: «¿Dónde quieres estar en cinco años?». La pregunta es algo rara, porque si me hubieras preguntado hace cinco años dónde quería estar y qué hubiera querido estar haciendo, no sé si te habría respondido con todo lo que hoy ocupa mi tiempo. Este tipo de pregunta, aunque entiendo el espíritu de tener intencionalidad con nuestras decisiones hoy, da a entender que tenemos mucho más control sobre el futuro de lo que realmente tenemos. Esto a menudo viene acompañado de ciertos clichés, como: «Tu destino está en tus manos». ¿Será?

Esta mentalidad de querer planificar mi futuro en cada detalle demuestra un anhelo de control que simplemente no es real. Vivimos bajo la ilusión del control. Muchos han planificado minuciosamente su vida, incluyendo cuándo se van a graduar, cuándo se casarán, cuándo tendrán hijos. Es posible que a veces nuestra vida sí siga la trayectoria que pensamos o queremos, pero a menudo nos topamos con la realidad de que las cosas simplemente no caminan como queremos.

LA SOBERANÍA DE DIOS

Nadie tiene el mañana prometido. En cuestión de segundos nuestra vida puede cambiar radicalmente. Te mencioné el caso de mi hermana, quien nació con parálisis cerebral. Si en 1994 le hubieras preguntado a mis papás unos días antes del nacimiento de mi hermana Amber: «¿Dónde quieres estar en cinco años?», ellos te hubieran dicho: «Queremos estar en México, con nuestros tres hijos». La realidad fue que, en unos pocos días, su vida cambió radicalmente.

Puede ser que escuches el diagnóstico negativo de un doctor, o pierdas un ser querido, o te despidan de tu trabajo, o te enteres de un pecado grave de tu cónyuge. Independiente de las circunstancias, esos momentos nos recuerdan algo fundamental: el futuro no está en nuestras manos.

Sería fácil, entonces, dejarnos llevar por el azar. Fácilmente caemos en la trampa de creer que el universo impersonal guía las cosas. Pareciera a veces que no hay plan, no hay orden, somos simples esclavos de las cosas que nos suceden.

Sin embargo, esa no es la imagen del futuro que nos presenta la Biblia. La Biblia nos da una idea mucho mejor: tu futuro está en las manos de Dios.

Hay muchos versículos que hablan de eso. Te comparto algunos.

Todas las cosas ha hecho Jehová para sí mismo, y aun al impío para el día malo. (Prov. 16:4)

Él cuenta el número de las estrellas; a todas ellas llama por sus nombres. Grande es el Señor nuestro, y de mucho poder; y su entendimiento es infinito. (Sal. 147:4-5)

Todo lo que Jehová quiere, lo hace, en los cielos y en la tierra, en los mares y en todos los abismos. (Sal. 135:6)

... que anuncio lo por venir desde el principio, y desde la antigüedad lo que aún no era hecho; que digo: Mi consejo permanecerá, y haré todo lo que quiero. (Isa. 46:10)

Pues aun los cabellos de vuestra cabeza están todos contados. No temáis, pues; más valéis vosotros que muchos pajarillos. (Luc. 12:7)

Porque Jehová de los ejércitos lo ha determinado, ¿y quién lo impedirá? Y su mano extendida, ¿quién la hará retroceder? (Isa. 14:27)

El punto de todos estos versículos es sencillo: el conocimiento de Dios es infinito. Él conoce tanto el principio como el fin de todo. No hay nada encubierto delante de Sus ojos. Pero el énfasis de estos versículos es más fuerte. Dios no solo lo conoce todo, sino que lo controla todo. Todos los momentos de la historia del mundo, y todos los momentos de tu propia vida han sido meticulosamente planificados por Dios. Él está obrando en toda la creación y en tu vida para llevar a cabo Sus propósitos. Tú no controlas ni un aspecto del futuro, sino Dios.

Ya en varias ocasiones he mencionado Romanos 8:28-29. Dios no solo controla todas las cosas, sino que además está obrando en todas las cosas con un cierto fin: Su propia gloria en tu proceso de ser conformado a la imagen de Cristo. Todas las circunstancias de tu vida, pasadas, presentes y futuras, tienen el fin de obrar en tu proceso de cambio para conformarte a la imagen de Jesús, para la gloria de Dios.

Es por eso que Jesús nos puede decir en Mateo 6:34: «Así que, no os afanéis por el día de mañana, porque el día de mañana traerá su afán. Basta a cada día su propio mal».

¿Cómo es que mañana se cuidará de sí mismo? Porque Dios ya lo ha planificado. No hay nada que Dios no sepa. Él ya conoce tu mañana, aunque tú no. Y de la misma manera en la que Él ha obrado en todos tus días anteriores, Él hará lo mismo mañana, trabajando en tu proceso de cambio y en conformarte

a Cristo para Su gloria. Puede ser que mañana no necesariamente te guste ni sea lo que quieres, pero puedes confiar en
que, en los propósitos de Dios, mañana es lo que necesitas.

LA ARROGANCIA DE LA VIDA

Hay un versículo en el libro de Santiago que habla de manera
puntual sobre la arrogancia de la vida. La primera vez que escu-
ché este versículo fue en un campamento de básquetbol, cuando
tenía unos doce años. Desde ese entonces me ha impactado
lo sencillo de la enseñanza y lo necios que somos al ignorarla.

> *¡Vamos ahora! los que decís: Hoy y mañana iremos a tal ciu-
> dad, y estaremos allá un año, y traficaremos, y ganaremos;
> cuando no sabéis lo que será mañana. Porque ¿qué es vuestra
> vida? Ciertamente es neblina que se aparece por un poco de
> tiempo, y luego se desvanece. En lugar de lo cual deberíais
> decir: Si el Señor quiere, viviremos y haremos esto o aquello.
> Pero ahora os jactáis en vuestras soberbias. Toda jactancia
> semejante es mala. (Sant. 4:13-16)*

Nos cuesta aceptar que mucha de nuestra ansiedad y preocupación del futuro nace de nuestra arrogancia. Creemos que
somos los que controlamos nuestro destino, y vivimos bajo la
idea de que si nosotros no nos preocupamos por nuestro futuro,
nadie lo hará. Sin embargo, Santiago nos recuerda que solo
Dios sabe cómo será nuestra vida mañana. Vivir como si nosotros controláramos el futuro es ponernos en el lugar de Dios.

Si las cosas en tu plan de vida han funcionado, no es porque eres un planificador excelente. Es porque Dios, en Su soberana voluntad, ha querido que vivas y lleves a cabo tus planes. Y eso únicamente porque le ha agradado que suceda para tu proceso de cambio en conformarte más a Cristo para la gloria de Dios.

LA VOLUNTAD DE DIOS

La voluntad de Dios ha sido de enorme alivio en mi vida. Todos pasamos tiempo evaluando las decisiones que tomaremos. Muchas personas buscan que Dios les revele de manera personalizada cuál es Su plan para sus vidas. A veces tenemos una decisión que debemos tomar, de trabajo, por ejemplo. Se nos ofrecen dos trabajos, «trabajo A» y «trabajo B», y oramos para que Dios nos revele la decisión correcta.

Sin embargo, cuando entendemos la soberanía de Dios y Su propósito en revelar aquellas cosas que son importantes para nuestro proceso de cambio, nos damos cuenta de que Él ha incluido en la Escritura todo lo que quiere que obedezcamos. A esto se le llama Su «voluntad de deseo». Sabemos claramente cuáles son las cosas que Dios quiere que hagamos porque están escritas en la Biblia, están reveladas, son Su deseo. En aquello que no está incluido en la Biblia tenemos la libertad para utilizar la sabiduría que Él nos da para tomar decisiones.

Para regresar al ejemplo de «trabajo A» y «trabajo B», mientras que quizás ninguna de las dos opciones sean pecaminosas, puedes aplicar la sabiduría que Dios te da y escoger el trabajo más sabio para tu situación. Nota lo que dice el pastor Kevin DeYoung:

> *Sí, Dios tiene un plan específico para nuestras vidas. Y sí, podemos vivir con la confianza de que Él está obrando en todas las cosas para nuestro bien en Cristo Jesús. Y sí, cuando miramos para atrás en nuestra vida, podemos trazar la obra de la mano de Dios en llevarnos a donde estamos hoy. Sin embargo, mientras que somos libres para pedirle a Dios sabiduría, Él no nos carga con la tarea de tener que adivinar Su voluntad para dirigir nuestras vidas de antemano.*[1]

En ese sentido, somos libres para decidir al saber que el Espíritu mora en nosotros y nos guía. Esto nos libera de tener que siempre estar discerniendo nuestras circunstancias para intentar descifrar los planes de Dios. Él tiene Sus planes, y Él los va a ejecutar. Tú y yo simplemente debemos ser fieles en ser obedientes a lo que Él sí nos ha revelado.

¿CÓMO TOMAMOS DECISIONES PARA EL FUTURO?

Con esto dicho, ¿cómo entonces debemos tomar decisiones para el futuro?

---

1. Kevin DeYoung, *Just Do Something* [Solo haz algo] (Moody Publishers, 2014), p. 22. Traducción del autor.

Orar

Que Dios no nos revele el futuro no significa que no podamos consultarle sobre nuestro futuro. Pablo nos recuerda en Filipenses 4:6-7:

> *Por nada estéis afanosos, sino sean conocidas vuestras peticiones delante de Dios en toda oración y ruego, con acción de gracias. Y la paz de Dios, que sobrepasa todo entendimiento, guardará vuestros corazones y vuestros pensamientos en Cristo Jesús.*

En vez de afanarnos, venimos delante de Dios y le exponemos lo que tenemos por delante. Nuestro afán a menudo viene de ciertos temores que tenemos, quizás al fracaso o a tomar las decisiones equivocadas. Nuestra idea de decisiones equivocadas no es la misma que tiene Dios. Puede ser que la decisión que tomes sí te lleve a un fracaso. Eso no significa que fue una mala decisión, simplemente significa que lo que Dios quiso para obrar en tu corazón era ese fracaso. Orar nos lleva a recordar que no hay por qué temer, pues Dios tiene el control sobre todas las cosas. La paz que obtenemos no viene, necesariamente, porque «estamos tomando la decisión correcta», sino que es una paz profundamente arraigada en creer que Dios controla todas las cosas y cooperan para nuestro proceso de cambio en conformarnos más a Cristo para la gloria de Dios.

Buscar consejo

Después de que hayamos consultado con Dios, es bíblico buscar el consejo de otros hermanos en Cristo que son sabios y experimentados en la vida. Proverbios 15:22 dice: «Los pensamientos son frustrados donde no hay consejo; mas en la multitud de consejeros se afirman». Cuando habla de que los pensamientos se afirman, no significa que las cosas caminarán como quieres, sino que podrás vivir en paz al saber que Dios controla todas las cosas.

A menudo hay cosas que Dios demanda de nosotros y que olvidamos en el momento de tomar una decisión, y un buen consejero nos puede ayudar a verlo. Un buen consejero nos llevará a considerar cómo esta decisión podría afectar, por ejemplo, nuestro caminar con Dios, o el uso de nuestro tiempo y recursos, o nuestras familias y las personas por las cuales somos responsables. Una decisión que triunfa es una que es obediente a lo que Dios ha revelado en la Biblia.

Aplicar la sabiduría

La Biblia tiene mucho que decir sobre la sabiduría. La sabiduría es dada por Dios (Sant. 1:5). La sabiduría inicia con el temor a Dios (Prov. 1:7). La sabiduría nos protege del mal (Prov. 1:15). La sabiduría es esencial y necesaria para tomar decisiones que le agradan a Dios. Para decirlo de manera sencilla, *la sabiduría es vivir una vida conforme a los estatutos de Dios y no conforme a lo que dice el hombre.* Es iniciar con Dios, con lo que Él determina como verdad e importante para la vida.

Esto significa que cuando enfrentamos una decisión importante, nuestra pregunta debería ser: «¿Hay algo en esta decisión que va en contra de los estatutos de Dios?». Si nuestro mayor anhelo es honrarlo y amarlo a Él, tomaremos decisiones en función a eso.

Decide

El último paso puede parecer demasiado sencillo. El paso es este: ¡decide! Una vez más, si no es un asunto de pecado, si has evaluado aquellas cosas que le honran a Dios, has orado al respecto y has buscado un consejo... toma la decisión. Debes hacerlo con la confianza de que el Espíritu Santo está en ti y guía tus decisiones. Él no nos ha abandonado y no nos abandonará. Sea cual sea la decisión, confía en que Él controla el futuro y que obrará para tu proceso de cambio.

EL VERDADERO FUTURO

El afán que nosotros sentimos por las circunstancias de la vida a menudo demuestra que nuestra visión de la vida es de muy corto plazo. Aun si estás pensando de aquí a 70 años, en la trayectoria del universo eso equivale a un segundo. Las decisiones que tomamos suelen enfocarse en los placeres de esta vida y no consideran la vida por venir.

Esta perspectiva demuestra lo mal colocados que están nuestros deseos. Esperamos que en esta vida todos nuestros anhelos y deseos sean saciados, lo cual es completamente imposible. Todos tus logros, méritos, bienes y recursos algún día se pudrirán. De aquí a 200 años nadie se acordará de ti ni de mí. Seguro que este mismo libro quedará en el olvido. Esto debería inquietar la manera en la que vivimos la vida.

¿Dónde está colocada nuestra esperanza y fe? ¿En qué estamos confiando e invirtiendo nuestro tiempo y recursos? ¿Los estamos invirtiendo en esta vida o en la que está por venir?

El escritor Randy Alcorn dice:

> *La tensión más trágica en la existencia humana reside en el hecho de que el placer que encontramos en las cosas de esta vida, no obstante, lo bueno que ese placer pueda ser en sí mismo, siempre se nos quita. Las cosas por las que los hombres luchan casi nunca resultan tan satisfactorias como esperaban y, en los casos raros en que lo son, tarde o temprano les son arrebatadas. [...] Para el cristiano, todas esas perfecciones parciales, rotas, efímeras, que vislumbra del mundo alrededor de él, las que se marchitan en sus manos y le son arrebatadas aun mientras se marchitan, se encuentran de nuevo, perfectas, completas y duraderas en la belleza absoluta de Dios.* [2]

Nuestro mayor anhelo no debe ser algo que obtendremos en esta vida. Nuestro mayor anhelo es Dios. Nuestro proceso de cambio no nos llevará a ser el tipo de persona que queremos ser, sino que nos lleva a amar y a adorar al único que merece toda nuestra atención. El verdadero futuro no se trata tanto de los placeres que tendremos, aunque habrán muchos. El verdadero futuro se trata de Dios. Estaremos por fin con Él, completamente. Aquella Vida que tanto hemos

---

2. Randy Alcorn, *El cielo*, cita de Peter Toon (Tyndale House Publishers, 2006), pp. 309-310.

anhelado, el estar en Su presencia, se volverá una realidad. El mayor placer que puedes buscar en esta vida es contemplar a Dios y estar con Él. De eso se trata el futuro. No hay mayor placer que este, ni en esta vida ni en la próxima.

Alcorn continúa:

> En el cielo, las barreras entre los seres humanos redimidos y Dios habrán desaparecido para siempre. Mirar a Dios a los ojos será ver lo que siempre hemos anhelado ver: a la persona que nos ha hecho por su propio placer. Ver a Dios será como ver todas las cosas por primera vez. ¿Por qué? Porque no solo veremos a Dios, Él será la lente a través de la que veremos todas las demás cosas —las personas, nosotros mismos y los eventos de esta vida—.[3]

PEREGRINOS EN ESPERA DE SU HOGAR

Una de las preguntas más confusas para un hijo de misioneros es: «¿De dónde eres?». Me hacen la pregunta a menudo. Yo nací en Georgia, pero no soy de Georgia. Crecí en México, pero no soy de México. Nos mudamos a Tennessee, pero no soy de Tennessee. Luego a Ohio, de donde es mi familia, pero realmente no soy de Ohio. Luego viví en Chicago, pero tampoco soy de allí. Ahora vivo en Guatemala, y me siento en casa aquí, pero tampoco soy de Guatemala.

---

3. *Ibid.*

Sin embargo, los seguidores de Jesús no somos tan diferentes. La Biblia a menudo habla de los cristianos como *peregrinos*. Fíjate lo precioso que es Hebreos 11:13-16:

> *Conforme a la fe murieron todos éstos sin haber recibido lo prometido, sino mirándolo de lejos, y creyéndolo, y saludándolo, y confesando que eran extranjeros y peregrinos sobre la tierra. Porque los que esto dicen, claramente dan a entender que buscan una patria; pues si hubiesen estado pensando en aquella de donde salieron, ciertamente tenían tiempo de volver. Pero anhelaban una mejor, esto es, celestial; por lo cual Dios no se avergüenza de llamarse Dios de ellos; porque les ha preparado una ciudad.*

Dios nos ha preparado un hogar, una ciudad celestial, una herencia incorruptible, la cual obtendremos ya en gloria. Y en el centro de esa gloria futura que nos espera está Dios mismo. Nuestro proceso de cambio, el verdadero futuro, termina en Él y con Él.

CONCLUSIÓN

Pablo enseña en 2 Corintios 3:18 que el Espíritu nos está transformando de gloria en gloria a la imagen de nuestro Señor Jesús. Nuestro proceso de cambio inicia en la vida, la muerte y la resurrección gloriosa de nuestro Señor Jesús, y termina en la gloria futura de la presencia de nuestro Señor Jesús. Nuestro proceso de cambio es de gloria en gloria. Inicia en la gloria de estar unido a Jesús, y termina en la gloria de ser perfectamente como Jesús, de pie ante la gloria de Jesús, contemplando, cantando, trabajando, riéndonos y gozándonos en la gloria perfecta de Dios por toda la eternidad. En eso consiste la Vida.